dtv

Ein junger Mann nimmt eine afrikanische Raubkatze zu sich nach Hause mit, um ein Mädchen zu beeindrucken, und schon bald tobt sich in seinem Schlafzimmer die Natur aus. Eine junge Liebe scheitert an der Sucht nach Sauberkeit und Keimfreiheit. Eine Wissenschaftlerin wird in einem Orkan von einem umherfliegenden Kater zu Fall gebracht und begegnet dabei der Liebe ihres Lebens.
In T. C. Boyles Geschichten lauert das Schicksal hinter jeder Straßenecke. Es wimmelt nur so von schrägen Typen, dramatischen Entscheidungen und außergewöhnlichen Begegnungen.
»Boyle ist lustig, er ist tragisch, er ist wesentlich – und er ist verschwenderisch mit seinen Ideen, weil er weiß, dass sie ihm nie ausgehen werden.« (Christian Seiler in der ZEIT)

T. Coraghessan Boyle, geboren 1948 in Peekskill, New York, unterrichtet an der University of Southern California in Los Angeles. Für seinen Roman ›World's End‹ (dtv 11666 und dtv 21030) erhielt er 1987 den PEN/Faulkner-Preis.

T. Coraghessan Boyle

Als ich heute Morgen aufwachte, war alles weg, was ich mal hatte

Erzählungen

Deutsch von
Giovanni Bandini und Ditte König,
Anette Grube, Dirk van Gunsteren
und Werner Richter

dtv

Ausführliche Informationen über unsere Autoren und Bücher
www.dtv.de

Zusammenstellung für diese Ausgabe:
Karoline Adler

MIX
Papier aus verantwortungsvollen Quellen
FSC® C019821

Neuausgabe 2015
Veröffentlicht 2012 bei
dtv Verlagsgesellschaft mbH & Co. KG, München
Mit Genehmigung des Carl Hanser Verlags, München

(siehe Quellenverzeichnis Seite 219)
Umschlagkonzept: Balk & Brumshagen
Umschlaggestaltung:
Katharina Netolitzky unter Verwendung eines Fotos
von gettyimages/Caroline Purser
Gesetzt aus der Garamond 10,5/12,75'
Gesamtherstellung: Druckerei C.H.Beck, Nördlingen
Gedruckt auf säurefreiem, chlorfrei gebleichtem Papier
Printed in Germany · ISBN 978-3-423-21615-9

Inhalt

Moderne Liebe
7

Wenn der Fluss voll Whisky wär
26

Windsbraut
42

Torschlusspuder
61

Als ich heute Morgen aufwachte,
war alles weg, was ich mal hatte
94

Zu allem bereit
125

Chicxulub
161

Zähne und Klauen
180

Moderne Liebe

Bei unserem ersten Rendezvous kam es nicht zum Austausch von Körperflüssigkeiten, und das war uns beiden ganz recht. Ich holte sie um sieben ab, fuhr mit ihr zum Mee Grop, wo sie penibel jede einzelne Fleischfaser aus ihrem Phat Thai entfernte, sah zu, wie sie vier Flaschen Singha zu je drei Dollar trank, und strich ihr im Kino des Circle Shopping Center sanft über das nach Balsam duftende Haar, während sie *Terminator* verschlief. Danach tranken wir noch etwas in Rigoletto's Pizza Bar (und aßen zwei Stück Pizza, nur mit Käse belegt), und dann fuhr ich sie nach Hause. Kaum waren wir dort angekommen, da hatte sie die Beifahrertür schon geöffnet. Sie wandte mir ihr schmales, elegantes, melancholisches Gesicht zu, das Erbe puritanischer Ahnen, und streckte mir die Hand hin.

»Es war sehr nett«, sagte sie.

»Ja«, sagte ich und nahm ihre Hand.

Sie trug Handschuhe.

»Ich rufe dich an«, sagte sie.

»Gut«, sagte ich und schenkte ihr mein wärmstes Lächeln. »Und ich dich.«

Beim zweiten Mal lernten wir einander näher kennen.

»Ich kann dir gar nicht sagen, wie stressig das

neulich Abend für mich war«, sagte sie und starrte auf ihren Schoko-Mokka-Karamell-Becher. Es war früher Nachmittag, wir saßen in Helmut's Olde Tyme Ice Cream Parlor in Mamaroneck, und die Sonne strömte durch die dicken Milchglasscheiben herein und beleuchtete das Lokal, als wäre es ein Genesungsheim. Die Armaturen hinter der Theke blitzten, die Messingstange war auf Hochglanz poliert und schimmerte warm, und es roch nach Desinfektionsmittel. Wir waren die einzigen Gäste.

»Wie meinst du das?«, sagte ich. Mein Mund klebte von geschmolzenen Marshmallows und Karamell.

»Ich meine: Thai-Essen, die Sitze im Kino, die *Damentoilette*, du meine Güte …«

»Thai-Essen?« Ich verstand nicht ganz. Dann fiel mir das Manöver mit den Schweinefleischstreifen ein und wie sorgfältig sie zwischen den Glasnudeln gesucht hatte. »Du bist Vegetarierin?«

Sie wandte entnervt den Blick ab, und sah mich dann aus weit aufgerissenen, eisblauen Augen entrüstet an. »Hast du mal den Bericht des Gesundheitsministeriums über die sanitären Verhältnisse in Restaurants mit ausländischer Küche gelesen?«

Nein, hatte ich nicht.

Sie legte die Stirn in Falten. Sie meinte es ernst. Sie dozierte. »Diese Leute sind Flüchtlinge. Sie haben … na ja, andere Maßstäbe. Sie sind nicht mal geimpft.« Ich sah zu, wie sie den winzigen Löffel in die Tiefen des Bechers senkte und die Lippen für ein akkurat viereckiges Stückchen Eis mit Karamell öffnete.

»Jedenfalls diejenigen, die illegal hier sind. Und das ist die Hälfte.« Sie schluckte beinahe unmerklich, es war eher ein Erschauern, ihr Kehlkopf hüpfte wie der einer Gazelle. »Ich hab mich aus Angst betrunken«, sagte sie. »Aus blinder Panik. Ich musste die ganze Zeit daran denken, dass ich mir bestimmt Hepatitis oder Dysenterie oder Denguefieber einfangen würde.«

»Denguefieber?«

»Normalerweise nehme ich immer einen Einmal-Sitzbezug mit, wenn ich ins Kino gehe – stell dir bloß mal vor, wer schon vor dir da gesessen hat und wie oft und was für eklige kleine Kulturen von diesem oder jenem in diesen uralten Flecken von Zuckercreme, Cola und Popcorn mit extra viel Butter leben. Aber ich wollte nicht, dass du bei unserem ersten Rendezvous denkst, ich wäre zu extrem oder so, und darum hatte ich diesmal keinen dabei. Aber dann die *Damentoilette* … Du findest nicht, dass das eine Überreaktion ist, oder?«

Doch, ehrlich gesagt fand ich das. Natürlich fand ich das. Thai-Essen schmeckte mir – und Sushi und Ingwerkrabben und fettiges Souvlaki von irgendeiner Bude an der Ecke ebenfalls. In ihrem Blick war etwas von einer verrückten Heiligen, einer Besessenen, die das Fleisch kasteite, doch das war mir egal. Sie war wunderschön, zart und blass, klaräugig und so kühl und unvergleichlich, als wäre sie soeben aus einem präraffaelitischen Gemälde getreten, und ich hatte mich in sie verliebt. Außerdem hatte ich selbst ebenfalls einen Hang dazu. Zu Hypochondrie und analer Retention. Geordnete Verhältnisse und alphabetisch sortierte Bücher. Ich war ein dreiunddreißigjähriger Junggeselle, hatte einige Narben vorzuweisen und las die Zeitung: Herpes, Aids und dieser asiatische Tripper, der gegen sämtliche Antibiotika immun war. Ich war bereit, die Sache langsam anzugehen. »Nein«, sagte ich, »das finde ich überhaupt nicht.«

Ich atmete so tief ein und aus, dass es als Seufzer durchgehen konnte. »Tut mir leid«, flüsterte ich und sah sie mit zerknirschtem Hundeblick an. »Das wusste ich nicht.«

Sie strich über meine Hand – sie berührte sie, Haut auf Haut – und murmelte, das sei schon in Ordnung, sie habe Schlimmeres erlebt. »Wenn du es genau wissen willst«, hauchte sie, »mir gefällt es in Lokalen wie dem hier.«

Ich sah mich um. Wir waren noch immer die einzigen Gäste, außer uns war nur Helmut da, in blendend weißem Overall und Mütze, und putzte sorgfältig die gekachelte Wand. »Kann ich verstehen«, sagte ich.

Einen Monat lang gingen wir zusammen aus – Museen, Ausflüge aufs Land, französische und deutsche Restaurants, Eiscafés, reichlich mit Farnen ausgestattete Bars –, bevor wir uns zum ersten Mal küssten. Und als wir uns dann küssten – nachdem wir bis nach Rhinebeck hinausgefahren waren, um uns in einem Programmkino *David und Lisa* anzusehen, in einer Nacht, so bitterkalt, dass kein normales Bakterium, kein Feld-Wald-und-Wiesen-Virus es überlebt hätte –, war es mehr ein Streifen der Lippen. Sie trug einen Kunstpelzmantel mit breiten Schulterpolstern und eine tief in die Stirn gezogene Strickmütze, als wir Arm in Arm aus dem Kino und in die Kälte der Nacht traten. »Mein Gott«, sagte sie, »hast du sein Gesicht gesehen, als er geschrien hat: ›Du hast mich berührt!‹? War das nicht toll?« Ihre Augen waren geweitet, und sie schien eigenartig erregt. »Ja«, sagte ich, »ja, das war gut«, und dann zog sie mich an sich und küsste mich. Ich spürte, wie ihre Lippen sacht über meine strichen. »Ich liebe dich«, sagte sie. »Glaube ich.«

Einen Monat Ausgehen und ein trockener, hingehauchter Kuss. Sie fangen jetzt wahrscheinlich an, sich über mich zu wundern, aber mir machte das wirklich nichts aus. Ich war, wie gesagt, bereit zu warten – ich besaß die Geduld eines Sisyphos, und mir war es genug, einfach nur mit ihr zusammen zu sein. Wozu die Dinge überstürzen?, dachte ich. Es ist doch gut so, es ist verzaubernd, es ist wie das herrliche, langsame Aufblühen der Liebe in einem Capra-Film, wo das Süße und Heitere stets triumphiert. Natürlich, sie hatte ihre Eigenheiten, aber wer hatte die nicht? Ehrlich gesagt, mir hatten diese Drei-Drinks-ein-Essen-und-dann-ab-ins-Bett-Sachen nie so recht gefallen, diese Mädchen, die Gas gaben, als hätten sie die letzten sechs Jahre im Gefängnis verbracht und wären gerade rechtzeitig entlassen worden, um Make-up aufzulegen und sich auf den Beifahrersitz meines Wagens fallen zu lassen. Breda – so hieß sie, Breda Drumhill, und schon der Klang ihres Namens, schon die Silbenfolge ließ mich dahinschmelzen – war anders.

Zwei Wochen nach unserem Ausflug nach Rhinebeck lud sie mich schließlich in ihre Wohnung ein. Cocktails, sagte sie. Ein Essen. Ein ruhiger Abend vor dem Fernseher.

Sie lebte in Croton, im Erdgeschoss eines restaurierten viktorianischen Hauses, knapp einen Kilometer vom Bahnhof Harmon entfernt, wo sie jeden Morgen in den Zug nach Manhattan stieg. Sie war Redakteurin bei *Anthropology Today*, und zwar seit sie sechs Jahre zuvor den Collegeabschluss in Barnard gemacht hatte (mit zwei Hauptfächern: Rhetorik und Fremde Kulturen), und ihre Tätigkeit entsprach in idealer Weise ihrem Temperament. Ethnologen, die zu Forschungszwecken bei den Fluss-Dayak auf Borneo oder den Kurden in Kurdistan lebten, schickten ihr skizzenhaft formulierte und grammatikalisch bedenkliche Berichte über ihre Beobachtungen, denen sie dann jenen Schliff gab, den das Publikum einer populärwissenschaftlichen Zeitschrift erwartete. Natürlich spielten sowohl Schmutz und exotische Krankheiten als auch bizarre Gebräuche und widerwärtige Gewohnheiten in diesen Berichten eine prominente Rolle. Alle paar Tage rief sie mich aus der Arbeit an und erzählte mir mit geradzu ekstatischer Stimme in allen Einzelheiten von irgendeiner neuen, schrecklichen Krankheit, die sie entdeckt hatte.

Sie stand in der offenen Tür und trug einen Seidenkimono mit tiefem Ausschnitt, der mit zwei ineinander verschlungenen Drachen bedruckt war. Sie hatte das Haar aufgesteckt, als wäre sie soeben dem Bad entstiegen, und duftete nach ph-neutraler Seife und medizinischer Hautlotion. Sie hauchte mir einen Kuss auf die Wange, nahm die Flasche Vouvray entgegen, die ich als Gastgeschenk mitgebracht hatte, und führte mich hinein. »Chagas-Krankheit«, sagte sie und zeigte mir grinsend ihre makellosen, recht großen Zähne.

»Chagas-Krankheit?«, wiederholte ich und wusste nicht, was ich sonst sagen sollte. Der Raum war karg wie eine Klosterzelle: zwei Sessel, ein kleines Sofa, ein Couchtisch, alles aus Glas, Chrom und hartem schwarzem Kunststoff. Keine Pflanzen (»Wer weiß, was für Insekten auf denen leben – und die *Erde*, die Erde muss doch geradezu wimmeln von Bakterien, ganz zu schweigen von Spinnen und Würmern und so«) und kein Teppich (»Eine Brutstätte für Flöhe und Wanzen und alle möglichen Blutsauger«).

Sie grinste noch immer, dirigierte mich zu dem harten schwarzen Kunststoffsofa und setzte sich, die Flasche Vouvray auf dem Schoß, neben mich. »Südamerika«, flüsterte sie, und ihre Augen leuchteten vor Begeisterung. »Im Dschungel. Da gibt es Käfer, die heißen Mörderkäfer – ist das nicht irre? Die stechen einen, und wenn sie eine Weile gesaugt haben, verrichten sie genau neben dem Einstich ihr großes Geschäft. Das gerät, wenn man sich kratzt, in die Blutbahn, und ein bis zwanzig Jahre später kriegt man dann eine Krankheit, die wie eine Mischung aus Aids und Malaria ist.«

»Und dann stirbt man«, sagte ich.

»Und dann stirbt man.«

Ihre Stimme klang wieder nüchtern. Sie grinste

auch nicht mehr. Was konnte ich schon sagen? Ich tätschelte ihre Hand und lächelte. »Hunger«, sagte ich und verzog das Gesicht. »Was gibt's zu essen?«

Als Vorspeise servierte sie eine kalte Tofucremesuppe mit Karotten und kleine, mit Linsenpaste bestrichene Sandwiches, als Hauptgericht ein Knoblauchsoufflé mit biologisch angebautem Gartengemüse. Anschließend gab es für jeden einen Cognac im Schwenker, und dann setzten wir uns vor den großen Fernseher und sahen uns einen Film mit dem Titel *Der Junge im Plastikanzug* an. Darin ging es um einen Jungen, der in einer vollkommen keimfreien Sphäre aufwachsen musste, weil er kein Immunsystem besaß. Niemand durfte ihn berühren. Das harmloseste Niesen hätte ihn getötet. Während der ersten halben Stunde schniefte Breda hin und wieder, drückte dann meine Hand und schluchzte laut auf, als der Junge schließlich aus seinem Anzug kroch, etwa siebenunddreißig Krankheiten bekam und noch vor der nächsten Werbepause starb. »Ich hab diesen Film jetzt schon sechsmal gesehen«, sagte sie und rang um Fassung, »aber er nimmt mich jedes Mal wieder mit. Was für ein Leben«, sagte sie und wies mit dem Cognacschwenker auf den Bildschirm, »was für ein perfektes Leben. Beneidest du ihn nicht?«

Ich beneidete ihn nicht. Ich beneidete den Jadeanhänger, der zwischen ihren Brüsten lag, und sagte ihr das auch.

Sie hätte kichern oder den Atem anhalten oder die Augen niederschlagen können, doch das tat sie nicht. Sie betrachtete mich mit einem langen, nachdenklichen Blick, als wäre sie im Begriff, eine Entscheidung zu treffen, und dann gestattete sie sich zu erröten: Ihr Hals bekam ein bezauberndes Muster aus weißen und rosaroten Flecken. »Gib mir eine Minute«, sagte sie geheimnisvoll und verschwand im Badezimmer.

Ich war elektrisiert. Es war so weit. Endlich. Nach all den Geständnissen, dem Händchenhalten, den kleinen Scherzen und Spielen, nach all den gefahrenen Kilometern, den verzehrten Mahlzeiten, den besichtigten Museen und gesehenen Filmen würden wir endlich ganz ungezwungen und in Würde im höchsten Akt der Liebe und Intimität zusammenkommen.

Mir war heiß. Der Schweiß stand mir auf der Stirn. Ich wusste nicht, ob ich sitzen bleiben oder aufstehen sollte. Und dann wurde das Licht gedämpfter, und da stand sie, die Hand auf dem Dimmer.

Sie trug noch immer ihren Kimono, doch ihr Haar war zu einem festen, um den Kopf gelegten Zopf geflochten, als hätte sie sich für eine Schlacht gerüstet. Und sie hielt etwas in der Hand: ein flaches, in Plastik eingeschweißtes Päckchen. Es raschelte, als sie auf mich zukam.

»Wenn man sich liebt, will man miteinander schlafen«, sagte sie und setzte sich neben mich auf das steinharte Sofa, »das ist nur natürlich.« Sie überreichte mir das Päckchen. »Ich möchte nicht, dass du einen falschen Eindruck von mir bekommst«, sagte sie mit belegter, rauchiger Stimme. »Dass ich vorsichtig und zurückhaltend bin und es, na ja, so viel Schmutz auf der Welt gibt, heißt nicht, dass ich nicht auch leidenschaftlich sein kann. Das bin ich nämlich. Und ich liebe dich. Glaube ich.«

»Ja«, sagte ich und umarmte sie. Das Päckchen hatte ich ganz vergessen.

Wir küssten uns. Ich strich über ihren Nacken. Das fühlte sich sonderbar an, schlaff und faltig, als hätte ihre Haut sich mit einem Mal in Plastikfolie verwandelt, und dann legte sie mir die Hand auf die Brust. »Warte«, flüsterte sie, »das ... das Ding.«

Ich setzte mich auf. »Das Ding?«

Das Licht war gedämpft, doch ich sah, dass sie abermals errötete. Sie war so süß. Ach, war sie süß, meine kleine Emily, meine viktorianische Prinzessin! »Es kommt aus Schweden«, sagte sie.

Ich musterte das Päckchen auf meinem Schoß. Es war eine durchsichtige, hautartige Plastikfolie, zusammengefaltet in einer transparenten Verpackung wie ein extra reißfester Müllsack. Ich hob sie hoch, vor Bredas große, bebende Augen. Ein verrückter Gedanke schoss mir durch den Kopf. Nein, dachte ich.

»Es ist das Neueste«, stieß sie hervor und sprach jetzt ganz schnell, »das Sicherste ... ich meine, es ist absolut –«

Mein Gesicht fühlte sich heiß an. »Nein«, sagte ich.

»Es ist ein Kondom«, sagte sie, und Tränen stiegen in ihre Augen. »Mein Arzt hat sie mir besorgt, sie sind ... sie sind aus Schweden.« Sie verzog ihr Gesicht und begann zu weinen. »Es ist ein Kondom«, schluchzte sie und weinte so haltlos, dass der

Kimono sich öffnete und ich sah, wie das Ding sich über ihre Brustwarzen spannte, »ein Ganzkörperkondom.«

Ich war gekränkt. Das gebe ich zu. Es war nicht so sehr ihre obsessive Angst vor Keimen und Ansteckung, sondern eher die Tatsache, dass sie mir nach all der Zeit noch immer nicht traute. Ich war sauber. Ich war durch und durch sauber. Meine Gewohnheiten waren von Mäßigkeit bestimmt, meine Gesundheit war gut, ich wechselte täglich – manchmal sogar zweimal täglich – Socken und Unterwäsche, und ich arbeitete in einem Büro mit frischen, sauberen, klaren Zahlen, denn ich hatte von meinem Vater (der seinerseits mit fünfundsiebzig einen sauberen Tod durch einen Myokardinfarkt gestorben war) die Leitung einer Kette von Schuhgeschäften übernommen. »Aber Breda«, sagte ich und nahm sie in die Arme, um sie zu trösten und über ihre weiche, in Plastik verpackte Brust zu streichen, »vertraust du mir denn nicht? Glaubst du mir nicht? Oder … liebst du mich nicht?« Ich legte die Hände auf ihre Schultern, hob ihren Kopf und zwang sie, mir in die Augen zu sehen. »Ich bin sauber«, sagte ich. »Vertrau mir.«

Sie wandte den Blick ab. »Wenn du mich wirklich liebst«, sagte sie mit ganz kleiner Stimme, »dann tust du es für mich.«

Schließlich tat ich es. Ich sah sie an – sie weinte, sie weinte um mich –, und dann sah ich die dünne Plastikfolie an, die an ihr klebte, und dann tat ich es. Sie half mir hinein, machte zwei Atemlöcher für meine Nase, schloss den Reißverschluss auf dem Rücken und zog es mir fest über den Kopf. Es lag so dicht an wie ein Taucheranzug. Und alles andere – das Streicheln, die Zärtlichkeit, das sanfte Dahinschmelzen – war so, wie ich es mir erhofft hatte.

Beinahe.

Am nächsten Tag rief sie mich aus der Arbeit an. Ich spielte gerade mit Verkaufszahlen herum und dachte an sie. »Hallo«, sagte ich. Ich gurrte es praktisch in den Hörer.

»Das musst du dir anhören.« Ihre Stimme überschlug sich fast vor Aufregung.

»Du«, unterbrach ich sie in leidenschaftlichem Flüsterton, »gestern Abend, das war etwas ganz Besonderes.«

»Oh, ja«, sagte sie, »ja, gestern Abend. Das war etwas Besonderes. Und ich liebe dich, ja, wirklich …« Sie hielt inne und holte Luft. »Aber das musst du dir anhören: Ich hab was von einem Mann gekriegt, der mit seiner Frau in Nigeria bei den Tuareg lebt – das sind diese Menschen, die mit ihrem Vieh durch die Gegend ziehen und den Dung aufsammeln, als Brennstoff für ihre Kochstellen.«

Ich brummte, um ihr zu zeigen, dass ich zuhörte.

»Also, sie bauen auch ihre Hütten aus Dung, ist das nicht verrückt? Und stell dir vor: Wenn die Zeiten hart sind, wenn es eine Missernte gibt und das Vieh kaum noch auf den Beinen stehen kann – weißt du, was sie dann essen?«

»Lass mich raten«, sagte ich. »Dung?«

Sie stieß einen Jubelschrei aus. »Ja! Ja! Ist das nicht unglaublich? Sie *essen* Dung!«

Ich hatte mir etwas für sie aufgespart, eine Krankheit, von der ein befreundeter Arzt mir erzählt hatte. »Onchozerkose«, sagte ich. »Schon mal davon gehört?«

Ihre Stimme klang erregt. »Erzähl.«

»Gibt's in Südamerika und Afrika. Eine Fliege sticht dich und legt ihre Eier ab. Aus denen schlüpfen Larven – diese kleinen weißen Würmer –, und die wandern zu den Augäpfeln. Da sind sie dann direkt unter der Bindehaut, sodass man sehen kann, wie sie da drinnen herumkriechen.«

Stille am anderen Ende.

»Breda?«

»Das ist widerlich«, sagte sie. »Das ist richtig widerlich.«

Aber ich dachte ... Ich sprach es nicht aus. »Entschuldigung«, sagte ich.

»Hör mal«, und in ihrer Stimme war wieder eine gewisse Schärfe, »warum ich dich angerufen habe: Ich liebe dich, ich glaube, ich liebe dich, und ich möchte, dass du jemanden kennenlernst.«

»Klar«, sagte ich.

»Ich möchte, dass du Michael kennenlernst. Michael Maloney.«

»Klar. Wer ist das?«

Sie zögerte, wenn auch nur ganz kurz – als wüsste sie, dass sie zu weit ging. »Mein Arzt«, sagte sie.

An Liebe muss man arbeiten. Man muss sich fügen, kleine Anpassungen vornehmen, Opfer bringen –

Liebe ist nichts ohne Opfer. Ich ging zu Dr. Maloney. Warum auch nicht? Ich hatte Tofu gegessen, Witze über Lepra und Bilharziose gerissen, als wäre ich immun, und in einer Mülltüte gevögelt. Wenn es Breda glücklich machte, wenn es die Ängste beschwichtigte, die Tag und Nacht an ihr nagten, dann war es das wert.

Maloney hatte seine Praxis in Scarsdale, in seinem Haus, einem zweifarbigen Gebäude im Pseudotudorstil mit einer geschwungenen Auffahrt und Eichen, so alt wie der Chrysler meines Großvaters. Er war ein junger Mann – Ende dreißig, würde ich sagen – mit rotem Bart, rasiertem Schädel und einer großen Brille mit transparenter Kunststofffassung. Er gab mir sofort einen Termin – am selben Tag, an dem ich ihn angerufen hatte – und empfing mich an der Tür. »Breda hat mir von Ihnen erzählt«, sagte er und führte mich in die hell erleuchteten Räumlichkeiten seiner Praxis. Er musterte mich für einen Augenblick, murmelte »Ja, ja« in seinen Bart und unterzog mich dann mit Hilfe seiner Helferinnen Miss Archibald und Miss Slivovitz einer ganzen Serie von Tests, die einen Astronauten in Verlegenheit gebracht hätten.

Zunächst wurde ich vermessen, einschließlich der Fingergelenke, des Oberkiefers, des Schädels, des Penis und der Ohrläppchen. Dann kamen die Rektaluntersuchung, das EEG und die Urinprobe. Und dann die Tests. Belastungstest, Epikutantest, Reflextest, Vitalkapazitätstest (ich blies in gelbe Ballons, bis sie platzten, und dann in eine Maschine, so groß wie eine Hammondorgel) und anschließend Röntgen, Spermienzählung und ein eng bedruckter Fragebogen von vierundzwanzig Seiten mit Abschnitten über Träume, Abstammung, Logik und Urteilsvermögen. Natürlich nahm man mir auch Blut ab, um sich ein Bild von der Funktion lebenswichtiger Organe zu machen und frühere Erkrankungen festzustellen. »Wir suchen nach Antikörpern gegen über fünfzig Krankheiten«, sagte Dr. Maloney, und seine Augen verschanzten sich hinter der Brille. »Sie würden sich wundern, wie viele Menschen Infektionen haben, von denen sie gar nichts ahnen.« Ich wusste nicht, ob das ein Witz sein sollte. Als er mich zur Tür brachte, nahm er meinen Arm und sagte, er werde die Resultate in einer Woche haben.

Diese Woche war die glücklichste meines Lebens. Ich verbrachte jede Nacht bei Breda, und am Wochenende fuhren wir nach Vermont, zu einem Hygienecenter, von dem ihr eine Cousine erzählt hatte. Wir aßen bei Kerzenlicht zu Abend – richtiges Essen –, und danach zogen wir unsere Frischhaltefolien über und liebten uns froh und keimfrei. Ich wollte natürlich mehr – das Gefühl von Haut auf Haut –, aber ich war erfüllt und glücklich. Schön langsam, sagte ich mir. Alles zu seiner Zeit. Eines Abends, als wir umschlungen auf dem großen weißen Bollwerk ihres Betts lagen, streifte ich das Kopfteil des Plastikanzugs ab und fragte sie, ob sie wohl je so viel Vertrauen zu mir haben werde, dass wir uns auf die jahrhundertealte Art lieben könnten, nackt und ungeschützt. Sie legte ebenfalls ihr Gesicht frei und zeigte mir ihr unvergleichliches patrizisches Profil. »Ja«, sagte sie leise, »ja, natürlich. Sobald die Resultate da sind.«

»Resultate?«

Sie wandte sich zu mir und sah mir forschend in die Augen. »Sag bloß nicht, das hast du vergessen.«

Ich hatte es vergessen. Hingerissen von Intensität und Leidenschaft, erfüllt von Liebe, hatte ich es vergessen.

»Mein Dummerchen«, murmelte sie und folgte mit der zarten, plastikummantelten Fingerspitze den Konturen meiner Lippen. »Sagt dir der Name Michael Maloney was?«

Und dann brach alles über mir zusammen.

Ich rief sie an, aber sie hob nicht ab. Ich rief in der Redaktion an, und ihre Sekretärin sagte, sie sei nicht da. Ich hinterließ Nachrichten. Sie rief nie zurück. Es war, als würden wir uns gar nicht kennen, als wäre ich ein Vertreter, ein Straßenbettler.

Ich postierte mich vor ihrem Haus. Eine ganze Woche lang saß ich in meinem Wagen und behielt mit der fanatischen Hingabe eines Pilgers an einem Schrein ihre Tür im Auge. Nichts. Sie kam nicht, sie ging nicht. Ich ließ das Telefon bis zum Besetztzeichen läuten, befragte ihre Freundinnen, suchte die Fahrstühle, die Korridore, den Empfangsbereich ihrer Redaktion heim. Sie blieb verschwunden.

Schließlich rief ich in meiner Verzweiflung ihre Cousine in Larchmont an. Ich hatte sie ein einziges Mal getroffen – sie war eine unansehnliche Frau mit schlabberigem Pullover und finsterem Blick, bei der genetisch all das schiefgegangen war, was in Breda so hohe Vollendung erlangt hatte – und ich wusste eigentlich nicht, was ich zu ihr sagen sollte. Ich hatte mir eine Rede zurechtgelegt: Meine Mutter liege in Phoenix im Sterben, die Firma sei praktisch pleite, ich tränke zu viel und dächte ständig über Selbstmord, Zerstörung und das Jüngste Gericht nach und müsse, bevor alles vorbei sei, noch ein letztes Mal mit Breda sprechen – ob sie vielleicht wisse, wo sie sei. Wie sich herausstellte, musste ich diese Rede gar nicht halten: Breda war am Apparat.

»Breda, ich bin's«, stieß ich hervor. »Ich hab wie verrückt nach dir gesucht.«

Schweigen.

»Breda, was ist los? Hast du meine Nachrichten nicht gekriegt?«

Sie sprach stockend, und ihre Stimme klang wie aus weiter Ferne. »Wir können uns nicht mehr sehen«, sagte sie.

»Wir können uns nicht mehr sehen?« Ich war wie vor den Kopf gestoßen, verletzt, wütend. »Was soll das heißen?«

»All diese Füße«, sagte sie.

»Füße?« Es dauerte einen Augenblick, bis ich merkte, dass sie von dem Schuhgeschäft sprach. »Aber ich habe überhaupt nichts mit irgendwelchen Füßen zu tun. Ich arbeite in einem Büro. Wie du. Mit Klimaanlage und verschlossenen Fenstern. Ich habe keinen fremden Fuß angefasst, seit ich sechzehn war.«

»Fußpilz«, sagte sie. »Schuppenflechte. Ekzeme. Leishmaniose.«

»Worum geht es wirklich? Die Untersuchung?« Meine Stimme war heiser vor Empörung. »Ich bin bei dieser verdammten Untersuchung durchgefallen, stimmt's?«

Sie gab keine Antwort.

Ein kalter Schauer überlief mich. »Was hat er gesagt? Was hat der Scheißkerl gesagt?«

In der Leitung war nur ein leises Ticken zu hören, das Pulsieren von Zeit und Raum, das leise Schwingen der hundert Millionen Kilometer Draht der Bell Telephone Company.

»Hör zu«, bettelte ich, »wir müssen uns noch einmal sehen, ein einziges Mal – das ist alles, was ich will. Wir sprechen darüber. Wir könnten ein Picknick machen, im Park. Wir breiten eine große Decke aus, wir setzen uns auf gegenüberliegende Ecken –«

»Borreliose«, sagte sie.

»Borreliose?«

»Wird durch Zeckenbisse übertragen. Im Gras wimmelt es davon. Man kriegt Fazialisparese, Meningitis, die Hirnhaut geht auf wie ein Hefeteig.«

»Dann am Rockefeller Center«, sagte ich. »Am Brunnen.«

Ihre Stimme war tonlos. »Tauben«, sagte sie. »Die sind wie fliegende Ratten.«

»Bei Helmut. Wir könnten uns im Eiscafé treffen. Bitte. Ich liebe dich.«

»Tut mir leid.«

»Breda, bitte hör mich an. Wir waren uns doch so nah –«

»Ja«, sagte sie, »wir waren uns nah«, und ich

dachte an jene erste Nacht in ihrer Wohnung, an den Jungen im Plastikanzug und das Ganzkörperkondom, ich dachte an das ganze wirre Spektakel unserer Beziehung, als ihre Stimme mit der Wucht eines Hammers den Nachsatz sagte: »Aber so nah nun auch wieder nicht.«

Wenn der Fluss voll Whisky wär

Das Wasser war ein Herzschlag, ein Pulsieren, es nahm ihm die Wärme aus dem Körper und pumpte sie in sein Gehirn. Unter der Oberfläche, vergrößert durch das schimmernde Glas seiner Taucherbrille, waren Schwärme silbriger Fische, Wälder von grünem Kraut, eine Stille, die nur vom fernen, hämmernden Brummen eines Außenborders gebrochen wurde. Oben war die Sonne, das weiße Aufblitzen eines Segelboots in weiter Ferne, der verwitterte Pier mit dem verwitterten Ruderboot, seine Mutter in ihrem Liegestuhl und das gewaltige, unermesslich tiefe Grün der Welt dahinter.

Er tauchte auf wie ein Delphin, prustete Wasser aus dem Schnorchel und kraulte zurück zum Pier. Der halbe See ging mit ihm an Land, zwei knochige Arme packten zu, ein Fuß wurde zum Hebel, dann ein mächtiges, hievendes Klatschen, und er lag flach auf dem Pier wie etwas, was der Sturm an Land geworfen hat. Und dann, ohne sich Zeit zum Abtrocknen zu gönnen, nahm er die Angelrute in die Hand. Der silberne Blinker zischte hinaus aufs Wasser und teilte die Oberfläche genau an der dunklen Stelle, die er in Gedanken angepeilt hatte. Das Klatschen ließ seine Mutter aufblicken. »Tiller«, rief sie, »komm und hol dir ein Handtuch.«

Seine Schultern zitterten. Er kauerte sich zusammen und stampfte mit den Füßen, aber die Angelschnur ließ er nicht aus den Augen. Er ließ sie verführerisch zucken und ließ sie mit jenen nervösen, zögernden Bewegungen tanzen, die einen Hecht zum Wahnsinn treiben konnten. Jedenfalls hatte er das gelesen.

»Tiller, hast du nicht gehört?«

»Ich hab einen Kettenhecht gesehen«, sagte er. »Einen riesengroßen. Über einen halben Meter lang.«

Der Blinkerlöffel tauchte ein. Mit einer Drehung des Handgelenks zog er ihn zurück. Er holte die Schnur ein und legte den Kopf schief, um sich die Nase an der nassen Schulter abzuwischen. Er spürte jetzt die Sonne im Nacken, und er stellte sich den Blinker im Wasser vor, rundlich, sinnlich, unwiderstehlich, und er wartete darauf, dass die Schnur sich beim Anbiss spannte.

Die Veranda roch nach Kiefernholz – altes Holz, ausgetrocknet und tot –, und das deprimierte ihn. Im Grunde deprimierte ihn alles – vor allem dieser Urlaub. Urlaub. Es war ein Witz. Urlaub wovon denn?

Er goss sich einen Drink ein – Wodka mit Soda, einen großen, aus der Zweiliter-Plastikflasche. Es war noch nicht Mittag, das Frühstücksgeschirr lag in der Spüle, und Tiller und Caroline waren unten am See. Er konnte sie durch den Vorhang der Bäume nicht sehen, aber er hörte das Gemurmel ihrer Stimmen durch das Ächzen der Zweige und den Trauergesang der Vögel. Er ließ sich schwer in den knackenden Korbstuhl fallen und blickte ins Leere hinaus. Er fühlte sich nicht besonders gut. Im Grunde fühlte er sich ausgehöhlt und vertrocknet, als hätte ihm jemand einen Pfeifenreiniger durch die Adern gezogen. Auch sein Kopf tat ihm weh, aber das würde vom Wodka schon weggehen. Wenn er den ausgetrunken hatte, konnte er sich noch einen machen, und dann vielleicht einen Schinken-Käse-Vollkorntoast. Dann würde es ihm bestimmt besser gehen.

Sein Vater redete mit dem Mann, und seine Mutter redete mit der Frau. Sie hatten sich vor etwa zwanzig Drinks an der Bar kennengelernt, und sein Vater spulte sein übliches Ding ab, was alles hätte-sein-können und hätte-sein-sollen in der schönen, guten alten Zeit, während der Mann, Halbglatze, ausgefranster Bart und langes, fettiges Haar wie sein Vater, bemüht war, die Unterhaltung wieder zurück zum Baustoffhandel zu lenken. Die Frau hatte ganze Galaxien von Sommersprossen auf der Brust, und sie beugte sich in ihrem Strandkleid vor und erzählte skandalöse Geschichten über Leute, von denen seine Mutter noch nie gehört hatte. Tiller hatte mehr Cola getrunken und Pistazien gegessen, als er vertragen konnte. Er sah zu, wie die Neon-Bierreklame von »Pabst Blue Ribbon« über dem Tresen an- und ausging, und er sah zu, wie die Sommersprossen der Frau in dem Einschnitt zwischen ihren Brüsten auf und nieder wogten. Draußen war es dunkel, und ein kühler, sauberer Geruch wehte über den See heran.

»Hm, äh, ja«, sagte sein Vater gerade, »in der To the Bone Band. Ich war die Rhythmusgitarre und hab mich mit Dillie Richards beim Singen abgewechselt ...«

Der Mann hatte noch nie von Dillie Richards gehört.

»Ein Schwarzer, hat mal mit Taj Mahal gespielt.« Der Mann hatte noch nie von Taj Mahal gehört.

»Na, jedenfalls«, sagte sein Vater, »wir haben lauter echt abgefahrene Nummern gebracht, von Leuten wie Muddy Waters, Howlin' Wolf, Luther Allison –«

Die Frau kippte ihren Drink, nickte heftig, und das Dekolleté ihres Kleids geriet total aus den Fugen. Tiller beobachtete sie und spürte, wie die Haut auf seinen Schultern und im Nacken spannte, wo er sich am ersten Tag einen Sonnenbrand geholt hatte. Er trug keine Unterhose, nur seine Shorts. Er wandte den Blick ab. »Drei Abtreibungen, zwei Kinder«, sagte die Frau. »Und sie hat nie erfahren, wer der Vater des zweiten war.«

»Leichtbauwände sind der letzte Dreck«, sagte der Mann. »Aber was soll man sonst machen?«

»Holzverkleidung?«, schlug sein Vater vor.

Der Mann ließ die flache Hand durch die Luft sausen. Er machte ein verärgertes Gesicht. »Kommen Sie mir bloß nicht mit Holzverkleidung.«

Morgens, wenn seine Eltern noch schliefen und der See ruhig dalag, ruderte er immer zu der schilfigen Bucht auf der anderen Seite hinüber, wo die großen Hechte waren. Er wusste nicht, ob sie wirklich dort waren, aber wenn sie irgendwo waren, dann bestimmt dort. Es war eine fischig kühle, geheimnisvolle Stelle, an der versunkene Stämme düster im Schatten unter dem Boot dräuten und Nebelschwaden wie Dampf aufstiegen, als würde der Seeboden nur so brodeln vor gefräßigen Mörderhechten mit kalten Augen, die mit einem Schnappen der Kiefer jede Monofil-Angelschnur kappen und junge Entlein auf einen Satz verschlingen konnten. Außerdem hatte Joe Matochik, der alte Mann in der Hütte nebenan, der Frösche verzaubern konnte, indem er ihnen den Bauch streichelte, ihm gesagt, dass dies die Stelle war, wo er Hechte finden würde.

Frühmorgens war es kalt, und er trug einen dicken, handgestrickten Pullover über dem T-Shirt und den Shorts, und manchmal zog er den ausgeleierten Bund weit hinunter wie einen Rock, um sich die Oberschenkel zu wärmen. Meist nahm er einen Apfel oder ein Erdnussbuttersandwich mit. Und natürlich die orange Schwimmweste, weil seine Mutter darauf bestand.

Beim Ablegen vom Pier trug er stets die Schwimmweste – der Form halber und weil ihm damit in der frischen Morgenluft einfach wärmer war. Doch wenn er ankam, wenn er in dem schwankenden Trog des Ruderboots stand, um seine Hula-Popper oder die Abu-Relfex auszuwerfen, war sie ihm im Weg, und er zog sie aus. Später, wenn die Sonne ihn durchströmte und er auch den Pullover nicht mehr brauchte, legte er ihn neben sich auf die Bank, und manchmal, wenn es wirklich schön warm wurde, streifte er auch T-Shirt und Shorts ab. In der kleinen

Bucht konnte ihn niemand sehen, und sein Atem ging dann etwas rascher, wenn er so nackt in der Morgensonne dastand.

»Ich hab gehört, was du da gesagt hast!«, schrie er, und er spürte, wie ihm die Adern am Hals hervortraten, wie die Wut in ihm aufstieg wie etwas, das tot und vergessen war und nun wieder zum Leben erwachte. »Also wirklich, wie kannst du denn dem Jungen so was sagen? Über seinen eigenen Vater?«

Sie antwortete nicht. Sie war in eine Ecke der Küche zurückgewichen und antwortete nicht. Und was sollte sie auch sagen, die Schlampe? Er hatte sie gehört. Hatte auf dem Notbett unter der Treppe gedöst, lechzte nach einem Drink, war aber zu schlaff, um aufzustehen und sich einen zu mixen, bis er die Stimmen aus der Küche gehört hatte, ihre Stimme und Tillers. »Musst dich eben damit abfinden«, sagte sie, »er ist ein Säufer, dein Vater ist ein Säufer«, und dann war er aus dem Bett gesprungen, als wäre etwas in ihm explodiert, und er packte sie an den Schultern – immer nur die Schultern, niemals ins Gesicht, das zumindest hatte sie ihm beigebracht –, und Tiller war verschwunden, zur Tür hinaus und weg. Leise und gepresst, mit einem schiefen, schuldbewussten Lächeln auf den Lippen, flüsterte sie jetzt: »Es ist doch wahr.«

»Du musst gerade reden – bist ja selbst dauernd blau.« Sie wich vor ihm zurück, das schiefe Lächeln auf den Lippen, die Schultern hochgezogen. Er wollte etwas zerschlagen, den verfluchten Herd kaputt treten, ihr wehtun.

»Ich hab wenigstens einen Job«, sagte sie.

»Ich find schon wieder einen, mach dir da keine Sorgen.«

»Und was ist mit Tiller? Wir sind seit zwei Wochen hier, und du hast noch nichts mit ihm unternommen, nichts, null. Du bist noch nicht mal unten am See gewesen. Fünfzig Meter, und du warst kein einziges Mal dort.« Sie kam jetzt aus der Ecke heraus, machte Finten wie ein Boxer, mit bösem Blick, die harten kleinen Fäuste geballt, um auf ihn einzuprügeln. Sie fauchte ihn an: »Was bist du nur für ein Vater?«

Er stieß sie beiseite, riss den Schrank auf und griff sich die erstbeste Flasche. Es war Whisky, billiger Whisky, Four Roses, der Dreck, den sie trank. Er goss sich ein halbes Wasserglas voll und kippte es hinunter, um sie zu provozieren. »Ich hasse den Strand, die Boote, das Wasser, die Bäume. Ich hasse dich.«

Sie hatte ihre Handtasche gepackt und war schon halb durch die Fliegentür hindurch. Eine Sekunde lang hielt sie inne und sah ihn an, als hätte sie in etwas Verfaultes gebissen. »Das beruht auf Gegenseitigkeit«, sagte sie, dann knallte sie die Tür hinter sich zu.

Es war alles zu kompliziert, es gab zu viele Dinge, die zwischen ihm und dem Augenblick standen, und er versuchte, nicht darüber nachzudenken. Er wollte nicht über seinen Vater nachdenken – und über seine Mutter auch nicht –, so wie er nicht an die Bilder der kahlköpfigen, streichholzdürren Menschen in

Afrika denken wollte, oder an Fleisch in Plastikfolie und daran, wie es dort hingekommen war. Aber wenn er doch einmal an seinen Vater dachte, dann ging ihm der Tag mit dem Whisky-Fluss durch den Kopf.

Es war an einem Dienstag oder Mittwoch gewesen, irgendwann mitten in der Woche; als er aus der Schule kam, waren die Vorhänge im Haus zugezogen, und der Wagen seines Vaters stand in der Einfahrt. Von der Tür aus hörte er das *plink-plink* der Saiten und ein krächzendes, nasales Jaulen, das ihm fremd vorkam. Sein Vater saß im Dunkeln über die Gitarre gebeugt da, die Haare hingen ihm ins Gesicht. Eine offene Flasche Whisky stand auf dem Couchtisch, daneben eine Batterie von Bierflaschen. Im Zimmer stank es nach Rauch.

Das war merkwürdig, denn sein Vater spielte nur noch selten Gitarre – er sprach hauptsächlich darüber. Und zwar in der Vergangenheit. Ebenso merkwürdig – und beunruhigend – fand er, dass sein Vater nicht arbeiten gegangen war. Tiller ließ seine Mappe auf den Telefontisch fallen. »Hallo, Dad«, sagte er.

Sein Vater antwortete nicht. Saß nur über die Gitarre gebeugt da und spielte den gleichen Song, immer wieder, als wäre es der Einzige, den er kannte. Tiller setzte sich aufs Sofa und hörte zu. Der Song hatte eine Strophe – eine einzige –, und sein Vater wiederholte sie drei- oder viermal, ehe er leiser wurde und nur vor sich hinsummte oder murmelte, danach sang er wieder den Text. Beim vierten Mal verstand ihn Tiller:

Wenn der Fluss voll Whisky wär,
dann bräucht ich keinen kaufen;
ich könnte dann 'ne Ente sein
und tät beim Schwimmen saufen.

Eine halbe Stunde lang spielte sein Vater diesen Song, spielte ihn so lange, bis alles andere merkwürdig geklungen hätte. Als er endlich aufhörte, griff er nach der Flasche, und dabei bemerkte er Tiller. Er sah überrascht aus. Er sah aus, als wäre er eben erwacht. »Hallo, Tiller, du Ladykiller«, sagte er und nahm einen Schluck aus der Flasche.

Tiller wurde rot. Sie hatten eine Tanzparty in der Schule gehabt, und Janet Rumery hatte ihn gebeten, mit ihr hinzugehen. Seitdem nannte ihn sein Vater andauernd Ladykiller, und obwohl er nicht ganz sicher war, was das hieß, wurde er dabei jedes Mal rot, nur wegen des Tonfalls. Insgeheim gefiel es ihm. »Der Song hat mir gut gefallen, Dad«, sagte er.

»So?« Sein Vater runzelte die Stirn und zog ein Gesicht. »Bist also zum Frauchen heimgekommen, was? Da«, sagte er und hielt ihm ein Bier hin. »Schon mal so was probiert, Ladykiller Tiller?« Er grinste. Sein Hemdsärmel war eingerissen, der Ellbogen aufgeschürft, und an der Brusttasche klebte ein kleiner harter Klumpen Blut. »Mit deinen Kumpels aus der sechsten, hinter dem Handballfeld vielleicht? Na?«

Tiller schüttelte den Kopf.

»Willst du eins? Na los doch, nimm einen Schluck.«

Tiller nahm die Flasche und nippte versuchsweise. Es schmeckte nicht besonders. Er sah seinen Vater an. »Was sollte das bedeuten?«, fragte er. »Dein Lied, meine ich – was du vorhin gesungen hast. Das mit dem Whisky und so.«

Sein Vater grinste ihn langsam und lange an und nahm einen Schluck aus der großen Flasche Whisky. »Ich weiß nicht«, sagte er schließlich, und sein Grinsen wurde breiter, sodass seine vom Tabak verfärbten Zähne zu sehen waren. »Der trank wahrscheinlich einfach gern Whisky, das ist alles.«

Er nahm sich eine Zigarette und wollte sie anzünden, aber dann legte er sie wieder weg. »He«, sagte er, »willst du's mit mir zusammen singen?«

Na gut, sie hatte ihn genervt, sie hatte ihn bedroht, und sie würde ihn verlassen, das war ihm sonnenklar. Aber er würde es ihr zeigen. Und dem Jungen auch. Er würde nichts trinken. Heute nicht. Keinen Tropfen.

Er stand mit den Händen in den Taschen auf dem Pier, während Tiller mit den Angelruten, den Rudern und dem ganzen Zeug herumklapperte. Vögel kreischten in den Bäumen, und in der Luft lag ein Geruch nach Diesel. Die Sonne stach ihm in den Kopf wie ein Messer. Ihm war jetzt schon übel.

»Ich geb dir die große Rute, Dad, und du kannst auch rudern, wenn du willst.«

Vorsichtig stieg er in das Boot, und es wich unter ihm zurück wie der Eingang zu einem bodenlosen Schacht.

»Ich hab uns Eiersalat gemacht, Dad, dein Lieblingsessen. Und ein paar Flaschen Malzbier hab ich auch mitgenommen.«

Er ruderte. Der See brodelte unter ihnen, der Wind wehte den Gestank von an Land gespültem Zeug herüber, und die verfluchten Ruder rutschten ständig aus den Dollen, und er ruderte. In letzter Minute hatte er noch schnell auf einen kurzen Drink zurückgehen wollen, aber er hatte es nicht getan, und jetzt ruderte er.

»Wir werden einen Hecht fangen«, sagte Tiller, der wie eine Spinne im Heck hockte.

Wasser spritzte auf. Er ruderte. Er fühlte sich elend. Elend und deprimiert.

»Wir werden einen Hecht fangen, ich spür's. Ich weiß, dass wir einen fangen«, sagte Tiller. »Ich weiß es. Ich weiß es einfach.«

Es war zu viel für ihn, das alles auf einmal – die Sonne, die Brise, die so süß duftete, dass er sie schmecken konnte, das einmalige Erlebnis, seinen Vater rudern zu sehen, mit bleichen Armen, eine ausgegangene Zigarette zwischen die Zähne geklemmt, das schaukelnde Boot, das Gezwitscher der Vögel –, und er schloss eine Weile die Augen, damit ihm nicht vor Freude über all das schwindlig wurde. Schon waren sie im tiefen Wasser. Tiller hatte eine Schleppangel mit Spinner und Gummiwurm ausgeworfen, für alle Fälle, aber er hatte nicht viel Hoffnung, hier draußen etwas zu fangen. Er brachte seinen Vater zu der Bucht mit den versunkenen Stämmen und den Wasserpflanzenwäldern – da würden sie sich näherkommen, da würden sie Hechte fangen.

»Mannomann«, sagte sein Vater, als Tiller ihn beim Rudern ablöste. Mit zitternden Händen kauerte er im Heck und versuchte, sich eine Zigarette anzuzünden. Sein Gesicht war grau, und das Haar flatterte ihm wie verrückt um den Kopf. Er verbrauchte ein halbes Briefchen Streichhölzer und warf dann die Zigarette ins Wasser. »Wo ruderst du überhaupt hin?«, fragte er. »Zum Indischen Ozean?«

»In die Hechtbucht!«, erwiderte Tiller. »Da wird's dir gefallen, wart's ab.«

Die Sonne versank hinter den Bergen, als sie ankamen, und das Wasser verfärbte sich von Blau zu Grau. In der Bucht ging kein Wind. Tiller ließ das Boot über die stille Wasserfläche gleiten, während sein Vater es endlich schaffte, eine Zigarette anzuzünden, dann gingen sie vor Anker. Er war aufgeregt. Schwalben flitzten übers Wasser, Ochsenfrösche rülpsten im Schilf. Es war die perfekte Zeit zum Angeln, die Stunde, in der die riesigen Hechte zwischen den versunkenen Stämmen auf Jagd gingen.

»Also gut«, sagte sein Vater, »ich werde jetzt den dicksten Fisch im ganzen See hier fangen«, dabei riss er den Arm zurück und warf die Rute aus, die mit dem schwersten Senker aus der Fliegendose behängt war. Die Schnur sauste durch die Ringe, dann gab es ein höllisch lautes Klatschen, das jeden Hecht im Umkreis von einer halben Meile in Panik versetzen musste. Tiller sah über die Schulter, während er seinen silbernen Löffelblinker einholte. Sein Vater zwinkerte ihm zu, aber er wirkte verbissen.

Es wurde dunkel, seinem Vater waren die Zigaretten ausgegangen, und Tiller hatte den Blinker so oft ausgeworfen, dass ihm der Arm weh tat, als plötzlich die große Rute wackelte. »Dad! Dad!«, rief Tiller, und sein Vater fuhr hoch, als hätte er ein Messer zwischen die Rippen bekommen. Er hatte gedöst, die Angelrute war im Dollbord verkeilt, und Tiller hatte die langen Kummerfalten im Gesicht seines Vaters studiert, die Runzeln auf seiner Stirn und die aufgedunsene, verfärbte Haut unter den Augen. Mit seinem Bart, den langen Haaren und der zerknitterten Leidensmiene ähnelte er stark dem gekreuzigten Christus in der Kirche, den Tiller schon hundertmal betrachtet hatte. Jetzt aber zuckte die Rute, und sein Vater packte sie, und er hatte einen Fisch an der Angel, einen großen Fisch, die Spitze der Rute bog sich und tauchte ins Wasser ein.

»Es ist ein Hecht, Dad, es ist ein Hecht!«

Sein Vater hielt krampfhaft die Angel fest. Er gab nur ein Knurren von sich, aber Tiller sah etwas in seinem Blick, das er kaum noch bei ihm kannte, so etwas wie Begeisterung, Energie, als schickte ihm der Fisch elektrischen Strom durch die Schnur, durch die Angelrute, durch die Hände und den Körper bis ins Gehirn. Volle drei Minuten lang kämpfte er mit dem Fisch, die Zigarette zwischen die Lippen geklemmt, die kümmerlichen Oberarmmuskeln angespannt, während Tiller neben ihm mit dem Kescher bereitstand. Es spritzte und klatschte, dann war das Vieh im Netz, und Tiller hob es über den Dollbord ins Boot hinein. »Es ist ein Hecht«, sagte sein Vater, »verdammt noch mal, guck dir das Ding an, guck dir an, wie groß es ist.«

Es war kein Hecht. Tiller hatte einmal Joe Matochik abends am Pier einen fangen sehen. Joes Hecht hatte gefährlich ausgesehen, das Maul voller Zähne, ein langes, schmales, spitz zulaufendes Wesen aus Muskeln und um sich schlagendem Leben. Das hier war kein Hecht. Es war ein Karpfen. Ein fetter, stumpfmäuliger, stinkender, hässlicher Teichkarpfen. Ein Scheißfisch. Die ortsansässigen Fischer schossen sie mit Pfeilen ab und warfen sie dann zum Verrotten ans Ufer. Tiller sah seinen Vater an und hätte am liebsten geweint.

»Es ist ein Hecht«, sagte sein Vater, und das Etwas war aus seinem Blick verschwunden, schon war es wieder vorbei, »es ist ein Hecht. Oder nicht?«

Es war spät – zwei Uhr vorbei jedenfalls –, und er war betrunken. Nein, er war jenseits des Rauschs. Er hatte seit dem Morgen getrunken, einen großen Wodka mit Soda nach dem anderen, und er spürte überhaupt nichts. Er saß im Dunkeln auf der Veranda und konnte den See nicht sehen, konnte ihn nicht hören, konnte ihn nicht einmal riechen. Caroline und Tiller schliefen. Das Haus war totenstill.

Caroline würde ihn verlassen, und das hieß, dass Tiller ihn verlassen würde. Er wusste es. Er sah es in ihren Augen, und er hörte es an ihrer Stimme. Sie war einmal sanft gewesen, seine Geliebte mit den sanften Augen, und jetzt war sie hart, unnachgiebig, jetzt war sie seine ärgste Feindin. Am frühen Abend hatten sie das Ehepaar vom Rasthaus zu ein paar Drinks und einem Imbiss eingeladen, und er hatte sich über den Tisch gebeugt, um dem Mann etwas zu erzählen – Ed, so hatte er geheißen –, bloß einen Witz, nichts Ernstes, nur so zur Konversation. »Wodka mit Soda«, hatte er gesagt, »das ist mein Drink. Früher hab ich Wodka mit Grapefruitsaft getrunken, aber das hat mir den Magen zerfressen.« Da war Caroline, die vorher nicht einmal zugehört hatte, mit der Bemerkung eingeschritten: »Ja, ja, und das da –«, hier zeigte sie auf sein Glas, »– hat dir das Hirn zerfressen.« Er hatte sie angesehen. Sie hatte nicht gelacht.

Also schön. So war es eben. Was kümmerte es ihn schon? Er hatte sowieso nicht herkommen wollen – es war die Idee ihres Vaters gewesen. Fahrt für einen Monat in die Hütte, hatte der Alte gesagt, hatte sich eingemischt, typisch war das für ihn, dann wird die Welt gleich anders aussehen. Na, bei ihm würde jedenfalls nichts anders werden, und sie konnten alle zur Hölle fahren.

Nach einer Weile fröstelte ihn; er erhob sich und ging ins Bett. Caroline sagte etwas im Schlaf und rückte von ihm weg, als er die Decke anhob und hineinschlüpfte. Er lag noch ein paar Minuten lang wach und fühlte sich deprimiert, so deprimiert, dass er wünschte, jemand möge hereinkommen und ihn erschießen, und dann war er eingeschlafen.

In seinem Traum war er mit Tiller im Ruderboot draußen. Der Wind blies heftig, seine Hände zitterten, er schaffte es nicht, sich eine Zigarette anzuzünden. Tiller beobachtete ihn. Er legte sich in die Riemen, und nichts geschah. Dann, auf einmal, sanken sie in die Tiefe, das Boot wurde unter ihnen weggerissen, das Wasser war eisig und schwarz, schlug über ihnen zusammen, als wäre es lebendig. Tiller rief nach ihm. Er sah das Gesicht seines Sohnes, sah ihn in die Tiefe sinken, und er konnte nichts dagegen tun.

Windsbraut

Die Leute können sagen, was sie wollen, sie können klatschen und kritteln und sich über dieses oder jenes das Maul zerreißen, und natürlich haben wir unsere Fehler, unsere Depressionen und Selbstmorde und Kleinpächtersfrauen, die mit dem Erstbesten, der sie haben will, durchbrennen, und wir haben unsere lange Winternacht, die sich über Tage und Wochen erstreckt wie ein Vorgeschmack auf das Grab, aber letzten Endes ist hier die einzige wirkliche Geschichte der Wind. Sein Sausen und Brausen. Seine Unablässigkeit. Das verhaltene Klagen von bewegter Luft, die den Strömungen gehorcht wie ein neues Meer über dem alten, die worfelt und eggt und alles abschleift, bis nichts mehr übrig ist. Tag und Nacht fegt der Wind über die Inseln, ohne Rücksicht auf die Jahreszeit, aber würde man die Bewohner von Yell, Funzie und Papa Stour fragen, dann würden sie allesamt – alle Männer und Frauen, alle Lämmer und Ponys – sagen, dass er im Winter am schlimmsten ist, wegen seiner Schärfe und schieren Wildheit. In einem Januar, an den man sich hier noch erinnert, hatte der Wind neunundzwanzig Tage lang ununterbrochen Sturmstärke, und am Neujahrstag 92 wurden die Orkanböen am Leuchtturm von Muckle Flugga auf der Nordspitze von Unst auf dreihundertzwanzig Stundenkilometer geschätzt. Aber das war geschätzt: An jenem Tag wurde der Windmesser der Wetterstation aus der Verankerung gerissen und, zusammen mit einer Menge anderer belebter und unbelebter Sachen, in die Ewigkeit geschleudert.

Junie Ooley hätte gewarnt sein müssen. Sie war Amerikanerin – die Leute im Dorf nannten sie *die Frau mit den Vögeln* oder einfach *die Vogelfrau* –, und sie war eben erst vom Fährboot gestiegen, als sie einen Volltreffer in Form von Robbie Bakers einäugigem altem Kater bekam, der auf der Jagd nach einer nicht vorhandenen Taube über das Dach der Kirche geschlichen war. Oder vielleicht war die Taube ja doch vorhanden gewesen, jedenfalls war, was immer der Kater gesehen hatte, vom Winde verweht, kaum dass er mit seinem Auge geblinzelt hatte. Junie Ooley, die zu diesem Zeitpunkt für uns alle eine Fremde war, stapfte also in einem Kaufhausschottenrock die Hauptstraße entlang, eine schwarze Strumpfhose schmiegte sich an ihre prächtigen Beine, ein Rucksack klopfte gegen ihren Hintern, und ihre Hände hielten die Strickmütze fest. Trotz ihrer scharfen Augen und der Teleobjektive, die sie überallhin mitschleppte, sah sie den Kater nicht kommen. Der Kater – er hieß Tiger und hatte gut und gern zehn, zwölf Pfund taubengemästetes Fleisch auf den Knochen – wurde von einer Bö gepackt und flog vom Kirchendach wie eine wärmegesteuerte Rakete, die ihr Ziel – Junie Ooleys gebeugte, windzerzauste Gestalt – erfasst hatte.

Wie dramatisch der Aufprall war, hätten Sie bezeugen können, wenn Sie an jenem Tag zufällig an den klappernden Fenstern von Magnuson's Pub gestanden und über ein Pint Bitter meditiert hätten. Bevor die Vogelfrau Gelegenheit gehabt hatte, sich nach ihrer Unterkunft zu erkundigen oder auch nur zu irgendeinem Menschen »Guten Tag« oder »Wie geht's?« zu sagen, lag sie auf dem Pflaster, und ihre Lippen flüsterten, ohne es zu wissen, einen Song des Artist Formerly Known As Prince. Das jedenfalls hat Robbie später behauptet, und der steht auf den Künstler, seit er mal in Aberdeen in einem Laden für Secondhand-CDs *Purple Rain* entdeckt und zum halben Preis gekauft hat. Wir mussten es ihm glauben. Er war der Erste, der rauslief, um ihr zu helfen.

Da lag sie also, aufs Pflaster geworfen – eine verwelkte Blume, die Glieder geknickte Stängel, den Rucksack voll mit schwarzen Ersatzstrumpfhosen und ihrer Vogelbeobachtungsausrüstung, ihrem Waschzeug, ihrer Zahnseide und dem ganzen Rest –, und Tiger kauerte auf der Straße, blinzelte und leckte sich zerstreut die gespreizten Tatzen, als Duncan Stout, seit zweiundneunzig Jahren Bewohner dieses Planeten und Besitzer des ersten je gefertigten Morris-Automobils, in ebenjenem Fahrzeug, und zwar mit dem Doppelten seiner üblichen Geschwindigkeit von acht Stundenkilometern, die Straße hinunterkam, und ob er Junie Ooley dort liegen sah, war völlig ungewiss. Robbie Baikie fuchtelte mit den Armen, um ihn zu warnen, aber Duncan war der Letzte auf diesen Inseln, der mitten auf der Hauptstraße, die ja immerhin ausschließlich für Personen- und Lastwagen und ein gelegentliches schwankendes Fahrrad gebaut und bestimmt war, irgendetwas Unerwartetes erwartete. Er fuhr einfach weiter, das Kinn vorgeschoben, die Mütze bis fast über die milchweißen Augen hinuntergezogen. Robbie Baikie stand nicht in dem Ruf, schnelle Entscheidungen zu treffen – er war, wie viele hier, eher der nachdenkliche Typ –, und als er sich entschloss, Junie Ooley wegzuziehen, war der Wagen schon da. Oder jedenfalls beinahe.

Die Leute schrien durch die offene Tür des Pubs. Magnus Magnuson stand jetzt selbst auf der Straße, ruderte mit den Armen und hüpfte aufgeregt herum, und der Wischlappen, den er noch in der Hand hielt, sah aus wie die weiße Fahne der Kapitulation. Der Wagen kam immer näher. Robbie stand da. Es sah hoffnungslos aus. Aber wir hatten nicht mit dem Wind gerechnet – wie konnten wir seine Launenhaftigkeit auch nur für eine Minute vergessen? In diesem entscheidenden Augenblick fegte eine Bö durch die Schlucht der Hauptstraße, warf Robbie Baikie um, sodass er auf die Vogelfrau fiel, hob das vordere Ende von Duncans Wagen an und schleuderte ihn gegen den nächsten Laternenpfahl, der keinen Zentimeter nachgab.

Die Bö entfernte sich die Straße hinunter und trug Papierfetzen, Konservendosen, Flaschen, Lumpen, Knochen und allen möglichen anderen Abfall mit sich. Die Vogelfrau schlug die Augen auf. Robbie Baikie lag mit seinen hundert Kilo schützend über ihr, wartete auf den Aufprall des Wagens und hatte nicht mal daran gedacht, sich auf die Ellbogen zu stützen, um ein bisschen von seinem Gewicht von ihr zu nehmen. Junie Ooley roch das Bier, das er getrunken hatte, den süßen Duft seines Pfeifentabaks, den würzigen Geruch von Magnusons Torffeuer und vielleicht sogar Robbies Schafe, und sie hatte keine Ahnung, wer dieser Mann war und warum er mitten auf der Straße auf ihr lag. »Geh runter von mir«, sagte sie so ruhig und sachlich, dass Robbie sich nicht sicher war, ob er recht gehört hatte, und weil sie Amerikanerin war und das Wort »Tollpatsch« nicht im Repertoire hatte, fuhr sie fort: »Du dicker Trottel.«

Robbie war Frauen gegenüber schüchtern – das waren wir Männer alle, und die Frauen waren schüchtern gegenüber Männern, jedenfalls bis ungefähr fünf Jahre nach der Hochzeit –, und außerdem versuchte er noch immer zu rekapitulieren, was mit ihm und ihr und Duncan Stouts Wagen passiert war, und hätte kein Wort herausgebracht, selbst wenn er gewollt hätte.

»Geh runter«, wiederholte sie und fing an, diese Aufforderung zu unterstreichen, indem sie zappelte und mit den flachen Händen gegen seine großen, unnachgiebigen Schultern drückte.

Robbie erhob sich auf ein Knie und stand auf, während die Vogelfrau sich unter ihm herauswand. Im nächsten Augenblick war sie auf den Beinen, rückte wütend die Rucksackträger, die ihr in die Schultern schnitten, zurecht und verfluchte ihn leise, aber mit Nachdruck und einem improvisatorischen Einfallsreichtum, der sein Gesicht bewundernd erstrahlen ließ. Zwanzig Schritte weiter versuchte Duncan, aus dem Wagen zu klettern, doch der Wind ließ ihn nicht. Howith Clarke, der Gemüsehändler, stand jetzt ebenfalls auf der Straße und begutachtete den Schaden mit säuerlichem Gesicht, und Magnus war mitten im Geschehen und heiser vor Aufregung. Er erkundigte sich nach Junie Ooleys Befinden – »Alles in Ordnung, Kleine?« –, als eine zweite Bö alle vier packte und wie Kegel durch die Luft wirbelte. Robbie hatte genug. Er rappelte sich auf, nahm die Vogelfrau am Arm und zerrte sie geduckt in den Pub.

Sie kamen also herein, und mit ihnen der Wind. Bierdeckel und Tüten mit Salzgebäck segelten über die polierte Theke, und unwillkürlich hielten alle ihre Hüte fest. Robbie ging mit gesenktem Kopf, und seine Haare standen senkrecht in die Luft, als hätte sich irgendein wahnsinniger Friseur darüber hergemacht, und Junie Ooley schnaufte und drosch auf ihn ein, bis er sie losließ und sie an der ganzen Theke entlangkreiselte. Anfangs konnte niemand sehen, wie hübsch sie war, denn ihr Gesicht war von Überraschung und Wut verzerrt, und zwischen den Augen stand eine verdrossene Falte. Sie sah nicht mal in unsere Richtung, sondern warf sich gleich wieder auf Robbie und schubste ihn, als wären sie zwei Kinder, die sich auf dem Spielplatz stritten.

»Was zum Teufel sollte das eigentlich?«, rief sie, und ihre Stimme war schrill vor Erregung. Und dann, mit einem Blick in die Runde: »Habt ihr gesehen, was dieser große *Trottel* da draußen mit mir gemacht hat?«

Keiner sagte etwas. Der Rauch des Torffeuers hing in der Luft wie ein dünner Vorhang. Tim Maconochies Airedale hob den Kopf und ließ ihn wieder auf die Pfoten sinken.

Die Vogelfrau biss die Zähne zusammen und reckte die Schultern. »Und? Will keiner was unternehmen?«

Magnus war es schließlich, der das Schweigen brach. Er trat wieder hinter die Theke, ohne sich um die Papierschnipsel und all das andere Zeug zu kümmern, das der Wind ihm ins Haar geweht hatte.

»Der Mann hat Ihnen eigentlich bloß das Leben gerettet.«

Robbie zog bescheiden den Kopf ein. Seine Ohren wurden knallrot.

»Gerettet …?« Eine Art Verständnis zog in ihren Blick ein. »Ich war … Irgendwas hat mich getroffen, irgendwas, das der Wind vor sich hergeweht hat …«

Tim Maconochie war zwar kein bisschen weniger sparsam als wir anderen, aber er räusperte sich und sagte, er wolle der jungen Frau einen Whisky ausgeben, damit sie wieder einen klaren Kopf bekomme, und da öffnete sich ihr Gesicht, und es war, als würde die Sonne hinter Wolken zum Vorschein kommen. Jetzt konnte jeder sehen, wie schön sie war, und es war eine Schönheit, die uns froh machte, in diesem Augenblick am Leben zu sein, sodass wir sie würdigen konnten. Whiskyrunden wurden ausgegeben. Windstöße rüttelten an den Fenstern, bis wir dachten, die Scheiben würden brechen. Jemand führte Duncan herein, setzte ihn in eine Ecke und drückte ihm seine Pfeife und ein Glas Ale in die Hand. Dann wurde noch eine Runde ausgegeben und noch eine, und die ganze Zeit saß Junie Ooley auf einem Hocker an der Bar und quatschte Robbie Baikie seine großen knallroten Ohren ab.

Das war der Beginn einer Liebesgeschichte, die die ganze Insel kopfstehen ließ. Niemand hatte so etwas je gesehen, jedenfalls nicht seit die beiden endlos quasselnden Teenager aus Cullivoe sich gemeinsam im Ness of Houlland ertränkt hatten, und die ganze Sache war umso erstaunlicher, als niemand je vermutet hatte, dass in einem schlichten Gemüt wie Robbie Baikie derart tiefe Leidenschaften schlummerten. Robbie war keine dreißig, aber Antriebsschwäche und unüberwindliche In-sich-Gekehrtheit ließen ihn an der Bar sitzen, bis er das Gewicht eines doppelt so alten Mannes hatte, und keiner konnte sich erinnern, ihn mal in Gesellschaft einer Frau gesehen zu haben, jedenfalls nicht seit seine Mutter gestorben war. Er war einer von denen, die ihre Schafe die kümmerlichen Spitzen des Heidekrauts oder den vom Meer heraufgewehten Seetang fressen ließen, und er hielt sein Herz so fest verschlossen wie eine Geldkassette. Aber jetzt war er auf einmal und vor unser aller Augen wie ausgewechselt. Am ersten Abend führte er Junie Ooley zu ihrem Quartier wie ein Filmkavalier – die beiden hielten sich an den Händen und stemmten sich gegen den Wind, während Katzen, Blumentöpfe und kleine Kinder an ihnen vorbeiflogen –, und von da an war er nie länger als fünf Minuten von ihr getrennt.

Er fuhr sie den ganzen windumtosten Weg hinaus zum Vogelschutzgebiet bei Herma Ness und half ihr, die Ausrüstung in einem verlassenen Kleinpächterhaus aufzubauen, das so alt war, dass nicht mal Duncan Stout wusste, wer einst der Pachtherr gewesen sein mochte. Das Dach bestand aus Reet, war an einem halben Dutzend Stellen verfault und wimmelte von Krabbel- und Nagetieren, aber der Vogelfrau schien das nichts auszumachen. Das Haus stand am richtigen Ort, nämlich auf einem breiten, kahlen Streifen Moor, der zwischen den Klippen, auf denen die Vögel brüteten, zum Meer abfiel, und das war das Einzige, was zählte.

Junie Ooley war nicht zimperlich, sondern ausgesprochen selbstständig, daran konnte gar kein Zweifel bestehen. Sie war gekommen, um die Vogelschwärme, die sich im Frühjahr hier versammelten, zu sehen und zu studieren – die Dreizehenmöwen und Papageitaucher, die Seeschwalben und Eissturmvögel, die auf den schmalen Simsen nisteten und nur die Flügel auszubreiten brauchten, um über das Meer davonzuschweben –, und sie hatte eine Menge Kameras und Teleobjektive mitgebracht, um Fotos für teure Hochglanzmagazine zu machen. Wenn es dabei primitiv zuging, hatte sie nichts dagegen. Es gab ein paar Zyniker, die glaubten, sie benutze Robbie Baikie nur, weil er praktischerweise über einen Toyota-Transporter und diese Allzweck-Kuschelwärme verfügte, und die Schwätzer und Alleswisser, die etwas Gutes nicht mal erkennen würden, wenn es ihnen vom Himmel auf den Kopf fiele, hörten gar nicht mehr auf, sich die Mäuler zu zerreißen. Aber es gab auch welche, die diese Sache als das sahen, was sie war: schlichte, reine Liebe.

Robbie hatte sich nie viel um die Moorit- und Cheviot-Schafe gekümmert, die sein armer, längst verstorbener Vater gezüchtet hatte, doch jetzt vernachlässigte er sie eindeutig. Er merkte gar nicht, dass sechs seiner Blackface-Schafe in der Flut ertrunken waren und dass sich in seinem eigenen Garten ein Leicester-Widder in einem Stück Draht verfangen hatte. Er war zu sehr mit anderen Dingen beschäftigt. Die beiden – er und die Vogelfrau – ließen sich manchmal eine Woche lang nicht blicken und kletterten auf den senkrecht ins Meer abfallenden Klippen herum, sie mit ihren Kameras, er mit dem Rucksack und den Objektiven, den schwarzen Stoutflaschen und den mit geräucherter Zunge belegten Broten, und wenn wir sie in der Stadt sahen, tranken sie entweder Tee im Hotel oder hielten Händchen im hintersten Winkel des Pubs. Mrs Dunwoodie, die Junie Ooley die Zimmer über dem Metzgerladen monatsweise vermietete, war empört, weil sie Robbie mehr als einmal mit der jungen Frau die Treppe hatte herunterkommen sehen, und einmal hatte sie nachts von oben Geräusche gehört, bei denen es sich nur um die spitzen, gedämpften Schreie koitaler Ekstase gehandelt haben konnte. Und ein Mann aus Haroldswick, dessen Namen wir aus Gründen des Anstands verschweigen, behauptete sogar, er habe die beiden splitterfasernackt vor dem Haus bei Herma Ness herumhüpfen sehen.

Eines Abends, als der Wind mal wieder aufgefrischt hatte, saßen sie nach dem Abendessen bei Magnuson's und sprachen in einem leisen, unverständlichen Gemurmel miteinander. Robbie trank stetig, Bier und Whisky. Wir sahen, wie er aufstand, noch eine Runde holte und, in jeder großen roten Hand ein Glas Bier, zwischen den anderen Tischen hindurch zu seiner Vogelfrau zurückkehrte. »Weißt du, was wir sagen, wenn die Möwen um diese Jahreszeit hierher zurückkehren?«, fragte er sie, und mit einem Mal dröhnte seine Stimme, und sein Gesicht war gerötet vom Alkohol und der Freude darüber, dass Junie Ooley da war.

Gespräche erstarben. Man sah auf. Er reichte ihr das Bier, und sie lächelte ihn fragend an, und jeder wünschte sich, dieses Lächeln sei für ihn bestimmt, und vielleicht beneideten wir Robbie sogar ein wenig. Er breitete die Arme aus und rezitierte ein kleines Gedicht für sie, ein Gedicht, das wir alle so gut kannten wie unsere Namen, den Herzenserguss eines unbekannten Vogelliebhabers, der längst im Strom der Zeit verschwunden ist:

Witte Möwe, Möwe kleen,
Wo bistu von? Wo hestu ween?
Wann ik dich seh, is mi so good,
Mit din Föht so slank un din Snavel so rood.

Es war verblüffend, diese Verse aus dem Mund eines Mannes zu hören, der sogar noch hart war, wenn er weich wurde, und nicht dazu neigte, planlos zu quasseln. In diesem Augenblick wussten wir alle, wie weit er über die Klippe war. Liebe war ja schön und gut – eine dornige Rose, die sich aus der kargen Erde dieser windgepeitschten Inseln gekämpft hatte, etwas Nützliches und Nötiges, das man natürlich hegen und pflegen musste –, aber das hier war etwas ganz anderes. Es war eine Art Lehensschwur, freiwillige Sklaverei, ein Verhängnis – er hatte ihr *unser* Gedicht gegeben, in aller Öffentlichkeit –, und bei diesem Gedanken überlief uns ein Schauer.

»Robbie«, rief Magnuson mit einer Verzweiflung, die uns allen aus dem Herzen sprach, »ich geb dir einen Whisky aus«, aber wenn Robbie ihn überhaupt hörte, ließ er es nicht erkennen. Er nahm die Hand der Vogelfrau mit den kleinen, aufgeschürften, vom Wind rissigen Knöcheln und führte sie an die Lippen. »So geht's mir mit dir«, sagte er, und wir alle hörten es.

Es wäre sinnlos zu bestreiten, dass wir alle auf das Unausweichliche warteten. Eine derart intensive Leidenschaft hatte etwas Unmenschliches, sie war wie die Liebe eines Kaninchens, eines Schafbocks, und sie *musste* einfach zerschellen – wie es The Artist Formerly Known As Prince in *When Doves Cry* so denkwürdig geschildert hat. Es gab welche, die sich fragten, ob Robbie sich seine CD überhaupt noch anhörte. Ob ihm überhaupt noch etwas an ihnen lag.

Und dann, an einem trüben, verhangenen Tag, als der Wind auf Nord gedreht hatte und die Temperaturen uns an den Winteranfang zurückzuversetzen drohten, riss Robbie, begleitet von einem Wirbelsturm aus welken Blättern, Disteln, Streichholzheftchen und Fish-'n'-Chips-Papier, die Tür des Pubs auf, stapfte zur Theke und verlangte einen doppelten Whisky. Es war das erste Mal, seit die Vogelfrau bei uns aufgetaucht war, dass man ihn ohne sie sah, und wem das noch nicht Zeichen genug war, der konnte an Robbies Haltung und der eigentümlichen Rötung seiner Ohren erkennen, dass das Ende gekommen war. Ein, zwei Stunden lang trank er stetig und wehrte jeden Kommentar – selbst die unschuldigste Bemerkung über das Wetter – mit einem Grunzen oder gar einem Knurren ab. Wir ließen ihn in Ruhe, setzten uns ans Fenster und sahen zu, wie die Welt vorbeigeweht wurde.

Später fiel das Licht der Sonne über dem westlichen Horizont in den Pub, sodass die Fensterkreuze scharf umrissene Schatten warfen, und für einen Augenblick lag das Kreuz des Erlösers genau zwischen Robbies Schulterblättern. Er stieß einen tiefen Seufzer aus – oder vielmehr ein schweres, mit Single Malt und Tabak unterlegtes Stöhnen –, und schließlich begannen seine großen Schultern zu zucken und zu beben. Die Bedienung (Rose Ellen MacGooch, Donal MacGoochs Jüngste) legte ihm die Hand auf den Arm und fragte ihn, was denn los sei, obwohl wir es alle wussten. Die Leute fingen an, sich zu unterhalten, damit er nicht glaubte, wir hielten den Atem an; Magnus stand am anderen Ende der Theke und zündete sich umständlich seine Pfeife an, und Tim Maconochies Hund ließ hörbar einen fahren. Eine Ruhe legte sich über den Pub, und Robbie Baikie atmete tief durch und verkündete die Nachricht mit einer Stimme, die wie ein Topfkratzer klang.

Er hatte sie gefragt, ob sie seine Frau werden wolle – dort oben, in dem Kleinpächterhaus, wo der

Wind klagte und die Möwen wie große taumelnde Schneeflocken durch die Luft segelten. Sie waren den ganzen Morgen draußen gewesen, waren mit vor Kälte tauben Händen auf den Klippen herumgeklettert und hatten sich gegen den Wind gestemmt, und nun saßen sie am Torffeuer und teilten sich belegte Brote und Stout. Robbie gab ihr einen Kuss, einen langen, ausgedehnten Liebeskuss, und dann stellte er ihr, überwältigt von Gefühlen, seine Frage. Junie Ooley richtete sich auf, und die Augen in ihrem engelsgleichen Gesicht leuchteten. Sie sagte, sie sei geschmeichelt von diesem Antrag, geschmeichelt und gerührt, sehr gerührt, aber sie sei einfach noch nicht bereit, sich auf so etwas, auf eine Ehe, wirklich einzulassen – immerhin sei er ein Schafzüchter von den Shetlandinseln und sie eine Amerikanerin mit Universitätsabschluss und obendrein unsteter Lebensweise. Würde er sie nach Patagonien begleiten, wenn sie Nandus und Haubenadler fotografieren wollte? Oder zum Okefenokeesumpf, wo sie den scheuen Elfenbeinspecht aufzuspüren hoffte? Nach Singapur? São Paulo? Oder auch nur nach Edinburgh? Er sagte, das werde er. Sie nannte ihn einen Lügner. Und dann schrien sie sich an, und sie war draußen, im Wind, und ihre Strickmütze flog im Nu davon, und ihr Haar flatterte wie wild vor ihren grünen Augen, und er versuchte, sie zu packen, ihren Arm zu fassen und sie festzuhalten, aber sie war schon am Rand der Klippe und begann unter dem heiseren Geschrei der Möwen, an den nach Vogelscheiße stinkenden Felsen hinunterzuklettern. »Junie!«, rief er. »Junie, nimm meine Hand, bei diesem

Wind wirst du den Halt verlieren, das weißt du ganz genau! Nimm meine Hand!«

Und was sagte sie? »Ich brauche keinen Mann, der mir Halt gibt.« Das war alles. Das war's. Und er stand im Wind und sah zu, wie sie Stück für Stück an der Klippe hinabkletterte, hoch über der wilden See, während die Vögel sie umkurvten und das Haar ihr Gesicht strangulierte, und dann ging er zu seinem Transporter, ließ den Motor an und fuhr ins Dorf.

An jenem Abend pfiff und dröhnte und rasselte der Wind bis etwa Mitternacht durch die Hauptstraße, dass es klang wie ein Satz Orgelpfeifen, doch dann veränderte sich das Geräusch und wurde zu etwas, was die Leute seit 92 nicht mehr gehört hatten: zum Tosen eines gewaltigen Sturms. Schindeln wurden abgerissen, Büsche krallten sich nicht mehr in die Erde, die Schafe auf den Weiden wurden wie Staubmäuse durch die Gegend gewirbelt. Garagen stürzten ein, Fahrräder rasten, von Geisterhand bewegt, durch die Straßen. Robbie saß im Tiefschlaf im Wohnzimmer seines Häuschens, ein trauriges Opfer des Kummers und des Alkohols. Er war vom Pub nach Hause gefahren, bevor der Sturm sich in seiner ganzen Wildheit erhoben hatte, und dort hatte er sich ein Stück Schafleber gebraten, war aber vor dem Fernseher eingeschlafen, ohne es auch nur angerührt zu haben.

Irgendetwas knallte gegen die Hauswand und weckte ihn. Es war stockdunkel, denn die ersten heftigen Böen hatten die Leitung gekappt, und anfangs wusste er nicht, wo er war. Dann erbebte das

Haus abermals, und das verwunderte Gebrüll der Ayrshire-Kuh, die ihn mit Milch und Butter versorgte, ließ ihn vom Sessel aufstehen und zur Tür gehen, wo er den Kopf hinausstreckte in die wilde Nacht. Sogleich wurde ihm die Tür aus der Hand gerissen und zerrte kreischend an den Angeln, und im selben Augenblick schoss der fahle Schemen der Kuh vorbei, wirbelte durch die Luft und verschwand wie ein Wolkenfetzen hinter dem Dach. Robbie hatte nur einen einzigen Gedanken: *Junie. Junie braucht mich.*

Es war sein Glück, dass er, wie viele von uns, fünf Zentner Kohle als Ballast in seinen Transporter geladen hatte, denn sonst hätte er das Ding niemals auf der Straße halten können. Er musste windverwehten Schafen ausweichen, Kaninchen, die wie Ziegenmelker aus der Dunkelheit herangerast kamen, losgerissenen Zaunpfosten, hin und wieder einem Dach oder einer Mauer, ja sogar ein, zwei Booten, die aus dem wogenden Meer geschleudert worden waren. Bei all dem Zeug, das der Sturm vor sich herfegte, konnte Robbie die Straße kaum erkennen. Die Böen schlugen nach ihm wie riesige Fäuste, und er musste mit aller Kraft gegensteuern, sonst wäre der Wagen umgeworfen worden. Wenn er beim Einsteigen noch halb betrunken gewesen war, so war er jetzt nüchtern wie ein Richter – die schreckliche Sorge, die ihn trieb, hatte sämtlichen Alkohol in seinen Adern verbrannt. Er drückte das Gaspedal bis zum Bodenblech durch. Er konnte nur beten, dass er nicht zu spät kam.

Und dann war er da, kämpfte sich aus dem Wagen

und musste sich an der Tür festhalten, um nicht selbst davongerissen zu werden. Das Moor war so schwarz wie das Fell eines Angus-Stiers. Der Wind heulte in allen Ritzen und drosch auf das Heidekraut ein, dass es sich flach auf die Erde drückte und schrie. Unten hörte er das Meer an die Klippen donnern. In diesem Augenblick riss die Tür des Transporters ab, und Robbie wurde über das Heidekraut geschleudert wie ein Schlittenfahrer, der den Burrafirth Hill hinuntersaust, und es gibt welche, die sagen, dass ihn ein Baum davor bewahrte, von der Klippe geworfen zu werden – aber welcher Baum könnte auf einer so kargen Insel gedeihen? Nein, was ihn rettete, war ein Dornbusch, ein zäher, harter schwarzer Knoten von einem Busch, der sich, nachdem der Wind fünfzig Jahre lang auf ihn eingehämmert hatte, an die Erde schmiegte – aber das reichte. Die leuchtend weiße Tür des Transporters, ein unhandlich großes Stück Stahl, segelte wie ein Frisbee über das Meer, als wollte sie nie aufhören zu segeln, doch Robbie Baikie war gerettet, auch wenn die Dornen sich in seine Hände gruben und der Wind ihm die Haare vom Kopf und den Bart von den Wangen riss. Er kniff die Augen gegen die Dunkelheit und die aufgewirbelte Erde zusammen, und da war es, links hinter ihm, zweihundert Meter entfernt: das Kleinpächterhäuschen und darin sie. »Junie!«, rief er, doch der Wind riss ihm die Stimme aus dem Mund und trug sie davon, bis es keine Stimme mehr war. »Junie!«

Was die Vogelfrau betraf, die Amerikanerin mit den atemberaubenden Beinen, mit dem Gesicht und der Figur, die der Perfektion so nahe kamen, wie es sich jeder Mann hier auf der Insel in der besten Nacht seines Lebens erträumt hatte, so wusste sie gar nicht, dass Robbie gekommen war, sie zu retten. Sie wusste nur, dass der Wind schlimm war. Sehr schlimm. Sie muss dagegen angekämpft und festgestellt haben, wie sinnlos es war und dass ihr nichts anderes übrig blieb, als sich zu unterwerfen, sich zusammenzukauern, sich an irgendetwas festzuhalten und abzuwarten. Wo waren die Vögel?, fragte sie sich. Was machten die bei einem solchen Wetter? Flogen sie draußen über dem Meer? Ihr war kalt, sie fröstelte, denn das Feuer war unter den Böen, die am Schornstein zerrten, längst erloschen. Und dann brach der Schornstein ab, mit einem Geräusch, als würden Klauen an einer Fensterscheibe kratzen. Es knackte, und die Dachbalken gaben nach, und dann starrte die schwarze Nacht auf sie herab. Sie klammerte sich an den Kaminbock, doch der Kaminbock wurde davongeweht, und dann klammerte sie sich an die Steine, aus denen der Kamin gemauert war, doch die Steine wurden ebenfalls davongeweht, als wären sie Staubkörner, und woran sollte sie sich nun noch festklammern?

Wir haben sie nie gefunden. Niemand hat sie je wieder gesehen. Es gibt welche, die behaupten, sie sei bis an die norwegische Küste geweht worden, wo sie an Land gegangen sei und Norwegisch gesprochen habe wie eine Einheimische, oder ein Kapitän habe sie in stürmischer See gefunden, an das pockennarbige Sicherheitsglas der Kommandobrücke gepresst wie eine lebende Galionsfigur, aber eigentlich glaubt das keiner. Robbie Baikie überlebte die Nacht und auch seine Trauer um sie. Er sitzt jetzt über seinem Bier und einem Whisky im hinteren Winkel von Magnuson's Pub, und wenn man ihn nach der einzigen Liebe seines Lebens, der Vogelfrau aus Amerika, fragen sollte, würde er einem sagen, er habe ihre Stimme in den Schreien der Möwen gehört, die in Schwärmen im Frühjahr den Himmel erfüllen, und auch ihr Gesicht habe er gesehen: Es habe, gehalten von steifen weißen Schwingen, über dem schwarzen tosenden Meer geschwebt. Armer Robbie.

Torschlusspuder

Es waren einhundertsieben gekommen, alle Altersgruppen, Körpergrößen und -formen waren vertreten, von Fünfundzwanzig- bis Dreißigjährigen in Kleidern, die die reinsten Schrumpffolien waren, bis zu ein paar älteren vierschrötigen Typen, die in ihren Hosenanzügen aussahen wie die Mütter von irgendwem – und da denke ich an erwachsene Söhne mit Ziegenbärtchen und einem Job bei McDonald's. Ich war dazu abgestellt, sie nach der Landung ihres Flugzeugs aus Los Angeles zu begrüßen, ich und Peter Merchant, dessen Reisebüro dieses Wochenende in Zusammenarbeit mit einer Firma aus Beverly Hills organisierte, außerdem waren noch ein paar andere Typen da, Absahner wie J. J. Hotel und leider auch diverse üble Elemente, womit ich speziell Bud Withers meine, der nicht mal bereit war, seine hundertfünfzig Scheine für das Buffet, die Malibu-Beach-Party und die Auktion danach springen zu lassen. Diese Typen spekulierten vermutlich auf eine kleine Gratiseinlage, aber dafür war ich ja da: um als eine Art Puffer zu fungieren und aufzupassen, dass so etwas nicht passierte.

Peter grinste über das ganze Gesicht, als wir an das Erste der Mädchen herantraten – Susan Abrams, laut Namensschildchen –, und reichte Ansteckstäußchen herum, für jede Lady eins, dabei flötete er beschwingt: »Willkommen in Anchorage, im Land der Grizzlybären und der wahren Männer!« Reichlich kitschig – es war Peters Idee gewesen, nicht meine –, und ich fühlte mich ziemlich blöd bei den ersten paar (knallharte Frauen, garantiert geschieden, womöglich waren Kanzleisekretärinnen oder sogar Rechtsanwältinnen dabei), aber als ich diese Kleine mit den gletscherfarbenen Augen sah, etwa als sechste in der Reihe, da wurde ich auf einmal hellwach. Ihr Namensschildchen war kalligraphisch gestaltet, handgeschrieben, nicht vom Computer ausgedruckt wie bei allen anderen, und das imponierte mir wirklich, diese Sorgfalt, die sie hatte walten lassen, deshalb drückte ich ihr die Hand und sagte: »Hallo, Jordy, willkommen in Alaska«, als ich ihr den Blumenstrauß überreichte.

Sie wirkte leicht benommen, nicht weiter verwunderlich nach dem Flug und den Drinks und bei der allgemeinen Partystimmung, die in dieser Maschine geherrscht haben musste unter einhundertsieben unverheirateten Frauen auf dem Weg zum Labor-Day-Wochenende Anfang September in einem Staat, wo auf jede Frau zwei Junggesellen kommen, aber daran lag es gar nicht. Sie hatte allenfalls ein Glas Chablis getrunken – was ich als Verwirrtheit, Lethargie oder so gedeutet hatte, war reines Staunen. Wie ich später erfahren sollte, hatte sie sich schon ihr Leben lang zu Alaska hingezogen gefühlt, hatte darüber gelesen und davon geträumt, seit sie als kleines Mädchen in Altadena, Kalifornien, aufgewachsen war, in Sichtweite des Rose-Bowl-Footballstadions. Sie war ein Bücherwurm – nämlich Lehrerin für englische Literatur – und hatte eine neue ledergebundene Edelausgabe von *Sturmhöhe* unter den Arm geklemmt, an dem ihr Koffer und die Reisetasche hingen. Ich schätzte sie auf Ende zwanzig, Anfang dreißig.

»Danke«, sagte sie mit einer Flüsterstimme, die mich glatt wieder zum Dreizehnjährigen machte, blinzelte mich aus ihren Schneeschmelzeaugen an und begutachtete mein Gesicht und meine Statur (ich sollte hier erwähnen, dass ich groß bin, einer der größten Männer im Busch rund um Boynton, eins sechsundneunzig und einhundertzehn Kilo, davon nicht allzu viel Fett), dann las sie meinen Namen vom Anstecker ab und fügte in einem Tiefseetauchgang ihres hauchzarten Stimmchens hinzu: »Ned.«

Schon war sie weg, und die nächste Frau in der Reihe war dran (mit einem Gesicht wie eine Wanderkarte und dem Händedruck eines Holzfällers), dann noch eine und noch eine, und die ganze Zeit über frage ich mich, für wie viel Jordy bei der Auktion wohl weggehen wird, und ob die hundertfünfundzwanzig, die ich allenfalls ausgeben kann, auch genug sind.

Die Mädchen – Damen, Frauen, egal jetzt – verschwanden erst mal eine Zeit lang auf ihre Zimmer im Hotel, um diverse Waschungen zu vollziehen, ihre Sachen zu bügeln und Make-up aufzulegen, während Peter und Susan Abrams herumwuselten und Vorsorge trafen, dass der Abend auch in jedem Detail klappte. Ich saß an der Bar und trank mexikanisches Bier, um in Stimmung zu kommen. Ich war kaum mit dem ersten fertig, da blickte ich auf – und wen sah ich? J.J. und Bud mit einem halben Dutzend Einheimischen im Schlepptau, alle so mager und ausgehungert wie Katzen im Winter. Bud beachtete mich nicht und fing an, den Typen aus Anchorage seine ewige Lügenmär aufzutischen, von wegen dass er in seiner Hütte draußen im Busch von nichts als der Natur lebte – was übrigens absolut unverdünnter Schwachsinn war, wie jeder bezeugen würde, der ihn länger als eine halbe Minute kannte –, und bald danach ließ sich J.J. mit einer Jodel-Seufzer-Kombination neben mir nieder und lud mich auf einen Drink ein, was mir recht war. »Na, hast du dir eine ausgesucht?«, fragte er mit spöttischem Grinsen, als wäre die Geschichte mit den Weibern aus Los Angeles nichts als ein schlechter Scherz, obwohl ich genau wusste, dass er nur so tat und ebenso begierig und lechzend optimistisch war wie ich selbst.

Plötzlich schoss mir das Bild von einhundertsieben Frauen in Reizwäsche durch den Kopf, dann stellte ich mir Jordy in schwarzem BH und schwarzem Höschen vor, wobei ich rot wurde, den Kopf einzog und ein verlegenes Lächeln aufsetzte. »Klar doch«, gab ich zu.

»Aber ich will verdammt sein, wenn Mr. Supercool hier« – eine Geste in Richtung Bud, der sich gerade bis zum Hals bei den Sonntags-Naturburschen in ihren Versandhausklamotten einschleimte – »nicht auch eine im Auge hat. Er meint, er weiß auch ihre Zimmernummer, und er hat ihr außerdem schon gesagt, dass er für die Verabredung mit ihr alles bieten wird, was er kann, und wenn er das Familiensilber versetzen muss.«

Mein Lachen geriet zu einer verbitterten, abgewürgten Angelegenheit. Bud kam frisch aus dem Knast, weil ihm wegen groben Unfugs mit Sachbeschädigung sechs Monate aufgebrummt worden waren. Genauer gesagt, hatte er mehrere Fenster zerschossen, bei drei Hütten und auf der Sonnenseite meines Ladens an der Hauptstraße – der einzigen Straße – im Zentrum von Boynton, 170 Einwohner. Der Kerl besaß nicht mal einen Pott zum Reinpissen, hatte bloß das, was er vom Veteranenbund bekam oder von der Sozialhilfe oder von wem auch immer – das war schwer zu sagen, so wie er immer wieder Tatsachen und Phantasie vermischte. Allenfalls hatte er noch diese Hütte, die er auf öffentlichem Grund und Boden am Yukon River gebaut hatte, und die war ein baufälliges Rattenloch. Ich wusste nicht einmal, wie es mit seinem Kind weitergegangen war, nachdem Linda ihn verlassen hatte, und ich wollte auch gar nicht darüber nachdenken. »Wie ist der überhaupt hergekommen?«

J. J. war ein kleines Männchen mit kahlem Kopf und schneeweißem Vollbart, ein Witwer und Musiker, und er konnte ein leckeres Elchragout mit Knoblauch und Sahnesoße zusammenkochen wie sonst kaum irgendwer, der in den letzten zehn Jahren nach Alaska gekommen war. Er zuckte die Achseln und knallte seinen Bierkrug auf den Tresen. »Genau wie du und ich.«

Ich staunte ungläubig. »Du meinst, im Auto? Wo hat er denn eins her?«

»Keine Ahnung, aber letzte Woche hat er mir erzählt, dass ihm irgendein Kumpel seinen brandneuen Toyota Land Cruiser übers Wochenende leihen will und dass er außerdem vorhat, die zweite Mrs. Withers darin nach Boynton heimzuführen, selbst wenn er am Ende doch noch die hundertfünfzig Mäuse für die Party und so berappen muss. Es ist eine Investition, meinte er – als ob irgendeine Frau so wahnsinnig wäre, mit dem Kerl *irgendwohin* zu gehen, schon gar nicht in eine Hütte am hintersten Arsch der Welt.«

Ich war zu diesem Zeitpunkt vermutlich bereits etwas benebelt und brachte keine rechte Antwort zustande. Ich spähte nur über die Schaumkrone meines Biers hinweg auf Buds Hinterkopf und seinen Ellenbogen, der auf der Theke ruhte, dann auf die Hacken seiner Stiefel, als könnte ich so seine Plastikfüße zu Gesicht bekommen, die in den Dingern drinsteckten. Einmal hatte ich sie gesehen, diese Füße, als er gerade frisch aus dem Krankenhaus kam und gleich bei meinem Laden hereinschneite, um sich was zu saufen zu holen, schon halb hinüber und nur mit Boxershorts unter dem Mantel, obwohl draußen minus fünfunddreißig Grad waren. »Hey, Ned«, sagte er damals in einem echt gemeinen, anklagenden Tonfall, »willst du mal sehen, was du und die anderen mir angetan haben?« Dabei klappte er den Mantel auf, um mir die Kunststoffprothesen zu zeigen, die mit Riemen an seinen Knöchel befestigt waren und exakt so aussahen wie die geformten rosa Füße einer Schaufensterpuppe im Kaufhaus.

Ich machte mir Sorgen. Das wollte ich zwar J.J.

nicht unbedingt merken lassen, aber ich kannte Bud, ich wusste, wie charmant er sein konnte – vor allem, wenn man nicht vorgewarnt war –, und ich wusste auch, dass Frauen ihn attraktiv fanden. Die ganze Zeit dachte ich: Was ist nun, wenn er hinter Jordy her ist? Aber dann sagte ich mir, dass die Chancen dafür wohl eher gering standen, und selbst wenn – selbst *wenn* es so war –, gab es doch immer noch einhundertsechs andere Frauen, und eine davon musste für mich sein.

Statistik:

Unter den 170 Einwohnern von Boynton gibt es zweiunddreißig Frauen, alle verheiratet und alle unsichtbar, sogar wenn sie an der Bar sitzen, die ich im Hinterzimmer des Ladens betreibe. Die Durchschnittstemperatur im Winter liegt um – 25 °C, und fast zwei Monate lang sehen wir kaum etwas von der Sonne. Wenn man dazu berücksichtigt, dass sieben von zehn Erwachsenen in Alaska ein Alkoholproblem haben, kann man sich leicht vorstellen, wie das Leben an den schlechteren Tagen hier aussieht.

Ich bin keine Ausnahme von der Regel. Die Wintermonate sind lang, die Nächte öde, und Schnaps bietet eine Möglichkeit, die Einsamkeit und Langeweile zu mildern, die einen immer traniger und traniger werden lässt, bis man sich fühlt, als wäre man kaum noch am Leben. Damit das klar ist: Ich bin keineswegs ein Säufer – nicht so wie Bud Withers, nicht mal annähernd –, ich versuche mich ein bißchen im Zaum zu halten, indem ich mindestens jeden zweiten Tag ohne einen Schluck auskomme und mir eine einigermaßen positive Einstellung bewahre. Deshalb setzte ich mich auch nach zwei Bier aus der Hotelbar ab und ging in Peters Wohnung hinüber, um dort in Aftershave zu baden, mit einem Schuss Haarspray die Haare um die kahle Stelle herum zu befestigen und dann das Sportjackett überzuwerfen, das ich zum letzten Mal beim Begräbnis von Chiz Peltz getragen hatte (der war in derselben Nacht erfroren, in der Bud seine Füße verlor, und ich musste ihn am nächsten Morgen von der Hintertür meines Ladens herunterhebeln: Er erinnerte an eine Bronzestatue, saß über seine Flasche gekauert, den Parka über den Kopf gezogen, und so mussten wir ihn dann auch begraben, samt Schnapsflasche und allem). Dann bahnte ich mir durch die brodelnden Straßen den Weg zurück zum Hotel mit seinem Ballsaal, der Platz für die Einwohner von ganz Boynton hatte, und dabei fühlte ich mich wie ein nervöser Schuljunge, der sich bei der allwöchentlichen Tanzstunde gegen die Wand drückt. Aber ich war kein Bubi mehr, und das hier war keine Tanzstunde. Ich war vierunddreißig, und ich hatte genug davon, wie ein Mönch zu leben. Ich brauchte jemanden zum Reden – eine Kameradin, eine Gefährtin, eine Frau, und das hier war die beste Gelegenheit, eine zu finden.

Kaum sah ich Jordy bei dem Tisch mit den Hors d' œuvres stehen, da verschwanden die übrigen einhundertsechs Frauen aus meinem Blickfeld, und ich wusste, ich hatte mir vorhin an der Bar in die Tasche gelogen: Sie war die eine, die Einzige, und meine Sehnsucht nach ihr war ein steter Schmerz, der von nun an nie mehr nachlassen wollte. Neben ihr stand noch eine Frau, die zwei steckten die Köpfe zusammen und tuschelten, aber ich hätte ehrlich nicht sagen können, ob die andere klein oder groß, blond, brünett oder rothaarig war – ich sah nur Jordy, sonst gar nichts. »Hallo«, sagte ich, und das Sportjackett kniff in den Achseln und krallte sich in meinen Rücken wie ein Lebewesen, »erinnerst du dich an mich?«

Klar tat sie das. Und sie ergriff meine Hand und drückte mir ein Küsschen in die Außenbezirke meines Barts. Die andere Frau – die unsichtbare – verschwand im Hintergrund, ehe sie mir vorgestellt werden konnte.

Ich wusste nicht recht, was ich als Nächstes sagen sollte. Meine Hände fühlten sich groß und ungelenk an, als hätte man sie mir erst beim Hereinkommen an die Arme getackert, und das Sportjackett flatterte mit den Schößen und bohrte mir seine Klauen in den Nacken. Ich musste was trinken. Und wie.

»Möchtest du was trinken?«, raunte mir Jordy zu und teilte diese Worte in winzige Nuggets voller Bedeutung auf. Sie hielt ein Glas Weißwein in der Hand, und sie trug große, blinkende, baumelnde Ohrringe, die ihr bis auf die geschwungenen Linien der nackten Schultern hingen.

Ich ließ mich von ihr zu dem langen Klapptisch geleiten – auf der einen Seite vier wuselnde Barkeeper, auf der anderen die zusammengedrängte Hundertschaft Frauen und all die grobknochigen Typen mit Wildniskoller, die ihr Bestes taten, sie niederzuquatschen –, und schon hatte ich einen doppelten Scotch in der Hand und fühlte mich gleich viel besser. »Ist 'ne schöne Landschaft hier oben«, sagte ich und erhob meinen Drink, begrüßte sie, den Ballsaal und alles Übrige mit einem Klirren unserer Gläser, »besonders da, wo ich wohne, in Boynton drüben. Sehr friedlich«, sagte ich, »weißt du?«

»O ja, ich weiß«, sagte sie, und zum ersten Mal nahm ich wahr, dass da unter der Oberfläche ihrer rauchigen Stimme etwas brodelte, was kaum zu bändigen war, »jedenfalls kann ich es mir vorstellen. Nach allem, was ich gelesen habe, meine ich. Liegt an der Wasserscheide des Yukon, Boynton – stimmt's?«

Das war mein Stichwort, und ich war dankbar dafür. Ich legte mit einem ausufernden Fünf-Minuten-Vortrag über die geographischen und geologischen Glanzlichter der Gegend um Boynton los, mit Seitenschwenks auf Besonderheiten der lokalen Flora, Fauna und der einheimischen menschlichen Bevölkerung, wobei ich taktvoll jeden Verweis auf die ernüchternde Statistik vermied, die die Frage hätte provozieren können, was ich selbst eigentlich hier tat. Es war eine regelrechte Ansprache, die jeder Tourismuswerbung Ehre gemacht hätte. Als ich damit fertig war, sah ich, dass mein Glas leer war und dass Jordy richtig hippelig wurde, weil sie wenigstens ein Wort hochkant hineinbringen wollte. »Tut mir leid«, sagte ich und senkte schuldbewusst den Kopf, »ich wollte dich wirklich nicht vollquatschen, aber es ist eben so« – hier griff ich mir selbst voraus, da meine Zunge sich vom langsamen Brennen des Scotchs lockerte –, »dass wir einfach kaum je wen

Neues zum Plaudern finden, außer wir unternehmen die weite Fahrt nach Fairbanks, und das kommt nicht so oft vor – und vor allem finden wir keine so gut aussehende, ich meine, so attraktive Frau wie dich.«

Jordy brachte auf dieses Kompliment eine hübsche Errötung zustande, und dann legte sie mit ihrer eigenen Ansprache los, die geprägt war von Klagen über das Leben in der Stadt, das fehlende menschliche Element, die ständige Nerverei, Hast und Hektik, die schlechte Luft, die verschmutzten Strände und – hier gewann sie endgültig meine Aufmerksamkeit – den Mangel an Männern mit traditionellen Werten, Rückgrat und Mumm in den Knochen. Als sie diesen letzten Wunsch formulierte – ich weiß nicht, ob es genau diese Worte waren, aber jedenfalls sagte sie es sinngemäß so –, richtete sie ihren Gletscherblick auf mich, und ich fühlte mich mit einem Mal, als könnte ich übers Wasser spazieren.

Wir standen in der Schlange zum Buffet, als Bud Withers hereinschlurfte. Er kam mit seinen Plastikfüßen überraschend gut zurecht: Wenn man nichts von seinem Problem wusste, würde man nie darauf tippen. Natürlich merkte man, dass irgendwas nicht stimmte – jeder seiner Schritte sah aus, als wäre er von hinten geschubst worden und hätte alle Mühe, nicht zu stürzen –, aber, wie gesagt, richtig abnormal wirkte es auch nicht. Für alle Fälle bugsierte ich mich zwischen Jordy und ihn, warf mich beinahe über sie, wie ein Adler beim Abdecken seiner Beute, und setzte unsere Unterhaltung fort. Sie wollte alles über das Leben in Boynton wissen, war geradezu versessen auf jede kleinste Einzelheit, und ich erzählte ihr, wie viel Freiheit man da draußen im Busch hat, wie man dort so leben kann, wie es einem gefällt, im Einklang mit der Natur, anstatt in irgendeinem Steinkasten mit Blick auf das nächste Einkaufszentrum eingesperrt zu sein. »Aber wie ist das bei dir?«, fragte sie. »Musst du denn nicht regelmäßig in deinem Laden sein?«

»Ach, wenn ich mal Hummeln im Hintern hab, ist einfach ein paar Tage lang geschlossen.«

Sie sah mich schockiert an, oder vielleicht eher skeptisch. »Und was ist mit deinen Kunden?«

Ich zuckte die Achseln, um ihr zu zeigen, wie lässig das alles ablief. »Ist ja nicht so, dass ich das Geschäft fürs Allgemeinwohl betreibe«, sagte ich, »… außerdem haben sie zum Saufen noch The Nougat, die Kneipe von Clarence Ford.« (Eigentlich wollte Clarence seinen Laden »The Nugget« nennen, aber er hat's nicht so mit der Rechtschreibung, und ich gebe mir jedes Mal größte Mühe, den Namen schön buchstabengetreu auszusprechen, nur um ihn zu ärgern.) »Also wenn ich Lust dazu hab, mitten im Winter oder sonst irgendwann, häng ich einfach ein Schild raus: Bin jagen, hol meine Schneeschuhe aus dem Schuppen und geh meine Fallenstrecke ab.«

Jordy schien darüber nachzudenken, während das Haar an ihren Schläfen sich im Dampf von den Servierplatten sacht zu kräuseln begann. »Und was jagst du da so?«, fragte sie schließlich. »Nerze?«

»Marder, Luchse, Füchse und Wölfe.« Das Essen war echt gut (sollte es auch, bei dem, was wir hier zahlten), und ich lud mir ordentlich was auf den Teller, aber auch wieder nicht so viel, dass sie mich für einen Schnorrer oder so halten konnte. Es entstand eine kurze Pause. Dabei nahm ich zum ersten Mal die Musik wahr, eine Beach-Boys-Nummer, am anderen Ende des Saals live dargebracht von einer Band aus Juneau. »Bei einem Fuchs«, sagte ich, ohne genau zu wissen, ob sie so was hören wollte oder nicht, »da kommt man zur Falle, und die Schlinge hat ihn am Bein erwischt, vielleicht hat er es sich sogar schon halb abgenagt, und er faucht wie eine Kettensäge … Na ja, dann knallt man ihm mit einem Stock eins über die Schnauze, so ungefähr« – eine Geste mit meiner freien Hand –, »davon geht er k. o. Wie durch Zauberei. Und dann drückt man ihm nur kurz die Kehle ab, bis er zu atmen aufhört, und voilà, hat man einen schönen, unversehrten Pelz, verstehst du?«

Erst hatte ich Angst, sie könnte zu diesen Tierfreundespinnern gehören, die auch noch die letzte Ratte, Zecke und Laus schützen wollen, aber sie wirkte überhaupt nicht irritiert. Im Gegenteil, ihr Blick ging kurz in die Ferne, sie beugte sich vor, um eine ordentliche Portion Königskrabben einzufassen, und richtete sich dann mit einem Lächeln auf. »Genau wie die Pioniere«, sagte sie.

In diesem Moment spürte uns Bud auf. Er drängte sich rücksichtslos dazwischen, packte Jordy mit einer Hand an der Taille und zog sie für einen Kuss an sich heran, samt vollem Teller, den sie deshalb ungelenk von sich weghalten musste, sonst hätte sie sich Königskrabben und Avocadosalat über das schwarze Seidenkleid gekippt. »'tschuldige die Verspätung, Baby«, sagte Bud, schnappte sich einen Teller und belud ihn mit massenhaft Schinken und Räucherlachs.

Jordy drehte sich noch einmal zu mir um, und ich konnte ihren Gesichtsausdruck nicht deuten, überhaupt nicht, aber natürlich wusste ich in diesem Augenblick, dass Bud sie angebaggert hatte und dass sie es gewesen war, die ihm ihre Zimmernummer gegeben hatte, auch wenn die Chancen einhundertsechs zu eins dagegen standen. Diese Erkenntnis machte mich leicht benommen, und nach der Benommenheit spürte ich Wut in mir aufsteigen wie Schaum in einer geschüttelten Dose Bier. »Ned«, murmelte sie, »kennst du schon Bud?«

Bud warf mir einen hässlichen Blick zu, so ein Mittelding zwischen »Verpiss dich« und triumphierendem Grienen. Ich versuchte cool zu bleiben, Jordy zuliebe. »Klar doch«, war alles, was ich zustande brachte.

Sie führte uns nach hinten, in die Nähe der Band – an einen dieser langen bankettartigen Tische –, und Bud und ich nahmen neben ihr Platz, rangelten um die Poleposition. »Bud«, sagte sie, gleich nachdem wir saßen, »und Ned«, hier wandte sie sich kurz zu mir und dann wieder zu ihm, »ihr zwei beide könnt mir bestimmt bei etwas helfen, ich möchte nämlich die Wahrheit darüber wissen, weil es einfach so wichtig war für meine kleine Romanze mit Alaska, und jetzt habe ich gerade irgendwo gelesen, dass es gar nicht stimmt.« Sie musste etwas lauter sprechen, um *My Little Deuce Coupe* von den Beach

Boys zu übertönen – immerhin war es ja eine Malibu-Beach-Party, komplett mit Sandhaufen in der Ecke und einem sechs Meter hohen Poster der Comicfigur Gidget im Bikini –, und wir lehnten uns beide leicht vor, um sie besser zu verstehen. »Also, was ich gern wüsste: Gibt es hier wirklich zweiundsiebzig verschiedene Wörter für Schnee – ich meine, in der Eskimosprache?«

Bud sah mich nicht einmal an, sondern legte sofort los mit seinem üblichen ausgemachten Blödsinn: er habe mal zwei Jahre lang mit den Inuit in der Gegend von Point Barrow gelebt, mit den alten Eskimoladys da oben auf Walrosshäuten herumgekaut und sich vor den Eisbären in Acht genommen, und seiner Ansicht nach sei die Zahl Zweiundsiebzig eher niedrig geschätzt. Dann verfiel er in einen Dialekt, den er in diesem Moment erfunden haben musste, und musterte Jordy dabei die ganze Zeit mit diesem breiten Mondgesichtsgrinsen, dass ich fast kotzen musste, bis ich sie am Ellenbogen packte, sodass sie sich zu mir herumdrehen musste, worauf ihm der gefälschte Inuit-Akzent wie eine Gräte in der Kehle stecken blieb. »Wir sprechen vom Schnee hier als Torschlusspuder …«, sagte ich.

Sie hob die Brauen. Hinter ihr saß Bud mit gelangweilter und gieriger Miene und schaufelte sich das Essen rein wie ein verfressener Bär. Es war das erste Mal, dass er den Mund hielt, seit er sich in unser Gespräch gedrängt hatte. »Das hat mit der Straße zu tun«, erklärte ich. »Wir liegen ja am Ende der zweispurigen Schotterstraße, die vom Alaska Highway nach Norden abzweigt, bis sie in Boynton zu Ende ist, dem letzten Ort auf diesem Kontinent, zu dem man im Auto fahren kann.«

Sie wartete. Die Band haspelte sich zum Ende des Songs durch, und plötzlich lebten im Saal hundert herumschwirrende Unterhaltungen wieder auf. Bud sah von seinem Teller hoch, um einen Blick voll unverfälschtem Hass zu mir hinüberzujagen. »Weiter«, sagte sie.

Ich zuckte die Achseln und spielte mit meiner Gabel. »Das war's schon«, sagte ich. »Der erste Schneefall, der erste Richtige jedenfalls, reicht aus, dass bis zum Frühjahr alles dicht ist. Finito. Schluss mit lustig. Wer in Boynton ist, der wird dort bleiben, bis …«

»Und wer's nicht ist?«, fragte sie mit einem ironischen Blick, während sie ein Stückchen Krabbenfleisch von einer winzigen zweizackigen Gabel pickte.

Bud antwortete für mich. »Der wird's nicht schaffen.«

Die Auktion galt einem karitativen Zweck: Sämtliche Einnahmen würden zu gleichen Teilen dem Altersheim für Trapper, dem Aids-Hospiz und dem Lebensmitteldepot der Sozialfürsorge von Anchorage zukommen. Das war mir recht – ich leiste gern meinen Beitrag –, aber wie gesagt, ich befürchtete, dass mich bei der Verabredung mit Jordy irgendjemand überbieten könnte. Nicht dass man sich davon viel versprechen durfte – es war nichts als eine Verabredung, aber immerhin die Gelegenheit, den Großteil des folgenden Tages mit der Frau seiner

Wahl zu verbringen, und wenn insgesamt nur zweieinhalb Tage Zeit blieben, war das bereits ein ordentliches Stück davon. Ich hatte mit J. J. und ein paar anderen geredet, und die hatten alle vor, sich diese oder jene Frau zu ersteigern und sie im Boot aufs Wasser rauszufahren oder auch mit einem Schneemobil in die Berge zu bringen, um ihr die Gletscher im Osten der Stadt zu zeigen. Manche wollten ihre Dame sogar in den Busch mitnehmen, damit sie sich ihre Hütten und sonstigen Besitztümer ansehen könnte. Über das Thema Sex sprach dabei niemand – das hätte den Geist der Sache entwürdigt –, aber es war da, unter der Oberfläche, eine brennende Verheißung.

Die erste Frau ging für fünfundsiebzig Dollar weg. Sie war um die vierzig, Typ Krankenschwester oder Zahnarzthelferin – eine, die sich so richtig gut mit Bettpfannen oder Speichelsaugern auskannte. Wir Übrigen sahen zu, wie drei Männer ihre Zeigefinger in den Kampf warfen und der Auktionator (Peter, wer sonst?) unter allerlei witzigen Bemerkungen zwischen ihnen hin und her deutete, bis zwei von ihnen ihre Obergrenze erreicht hatten. »Zum Ersten, zum Zweiten«, flötete er und holte die größtmögliche Spannung aus dem Augenblick heraus, »und … zum Dritten, verkauft an den Herrn mit der roten Kappe.« Ich musterte den Kerl, nie vorher gesehen, vermutlich einer aus Anchorage, wie er die drei Stufen zur Bühne hinaufging, die sie neben dem Sandhaufen errichtet hatten, und ich fühlte, dass sich in mir etwas regte, als diese vierzigjährige Zahnarzthelferin mit ihrem Lächeln die Welt zum Schmelzen brachte und ihm einen Kuss gab wie in der letzten Szene eines Spielfilms, dann gingen die beiden Hand in Hand davon. Mein Herz hämmerte wie ein schadhafter Kolben. Ich konnte Bud in der Menge nicht sehen, aber ich kannte seine Absichten, und wie gesagt, hundertfünfundzwanzig war mein Limit. Über diesen Betrag konnte ich unmöglich gehen, egal, was passierte.

Jordy kam als Neunte dran. Von den Frauen vor ihr sahen zwei, drei echt gut aus, vermutlich Sekretärinnen oder Barkellnerinnen, aber Jordy steckte sie locker in die Tasche. Es lag nicht nur daran, dass sie gebildet war, es war auch ihre Haltung, die Art, wie sie mit diesem feinen, nach innen gekehrten Lächeln auf die Plattform hinaufstieg und ihren dürstenden Blick über die Menge schweifen ließ, bis sie ihn auf mir ruhen ließ. Ich ragte einen Kopf hoch über alle übrigen Männer hinaus, also war ich wohl nicht allzu schwer zu übersehen. Ich winkte ihr kurz zu, was ich sofort bereute, da ich mir so in die Karten hatte sehen lassen.

Das erste Gebot lautete gleich auf hundert Dollar und kam von einem Clown im Holzfällerhemd, der aussah, als hätte man ihn gerade irgendwo aus einem Gebüsch hervorgezerrt. Ich schwöre, er hatte Laub in den Haaren. Oder noch Schlimmeres. Peter hatte begonnen: »Wer gibt mir eine Zahl, höre ich ein Eröffnungsangebot von euch?«, und dieser Typ hob die Hand und sagte: »Hundert Scheine«, einfach so. Mir fehlten die Worte. Auf Bud war ich ja vorbereitet, aber das war nun eine völlig neue Situation. Was dachte sich der Kerl überhaupt? Im Holzfällerhemd wollte der *Jordy* ersteigern? Nur mühsam unterdrückte ich den Impuls, mich durch die Menge zu schieben und den Burschen aus seinen Stiefeln zu reißen wie Unkraut am Straßenrand, doch dann schoss direkt vor mir eine weitere Hand in die Höhe, und dieser Bursche musste mindestens sechzig sein, der Nacken bestand aus lauter Runzeln und Wülsten, aus den Ohren wuchsen ihm pissegelbe Härchen, und er sprach es ganz lässig aus, als bestellte er an der Bar einen Drink: »Hundertzwanzig.« Ich geriet in Panik, von allen Seiten bedrängt, und spürte meine Zunge in der Kehle kleben, als ich den Arm emporwarf. »Hundert-«, keuchte ich, »hundertfünfundzwanzig!«

Dann war Bud an der Reihe. Ich hörte ihn, noch ehe ich ihn in der zweiten Reihe hingefläzt sitzen sah, gleich vorn bei der Bühne. Er bemühte sich gar nicht erst, die Hand zu heben. »Hundertfünfzig«, sagte er, worauf der alte Knacker vor mir sofort zurückkrähte: »Hundertfünfundsiebzig.« Ich war schweißgebadet und rang die Hände, bis ich glaubte, die Linke würde die Rechte zerquetschen und umgekehrt, das Sportjackett bohrte sich in mich wie ein härenes Hemd, es war in den Achseln und an den Schultern einfach zu eng. Hundertfünfundzwanzig war meine Schallmauer, absolut und unverrückbar, und da musste ich mich schon anstrengen, um für die Verabredung selbst noch etwas übrig zu haben, trotzdem fühlte ich meinen Arm in die Höhe sausen, als wäre er an einem Draht befestigt. »Hundertsechsundsiebzig!«, schrie ich, und der gesamte Saal drehte sich um und starrte mich an.

Ich hörte ein Lachen von vorn, eine dreckige, höhnische kleine Lache, die mich ins Mark traf und heiße Lava durch meine Adern schießen ließ, es war Buds Lache, Buds verhasste, spöttische, destruktive Lache, und dann warf seine Stimme die Mauer des Staunens nieder, die mein Gebot umgab, und verkündete meinen Untergang: »Zweihundertfünfzig Dollar«, sagte er, und ich stand wie vom Donner gerührt da, während Peter ausrief: »Zum Ersten, zum Zweiten«, und dann den Hammer niederknallen ließ.

Ich erinnere mich nicht mehr, was danach passierte, aber ich wandte mich ab, ehe Bud zur Bühne hinaufhumpelte, um Jordy in die Arme zu nehmen und den öffentlichen Kuss von ihr zu empfangen, der für mich bestimmt gewesen war, drehte mich um und wankte auf die Theke zu wie ein Hirsch mit Bauchschuss. Ich versuche generell, mein Temperament zu zügeln, ehrlich – da liegt nämlich eine meiner Schwächen –, aber ich dürfte wohl etwas grob zu zwei Typen im Freizeitlook geworden sein, die mir den Zugang zum Scotch verstellten. Keine abscheuliche Tat, nein – ich ließ sie nur mit sehr deutlichen Worten wissen, dass sie mir im Weg standen, und falls sie darüber froh seien, dass ihre Arme noch in die Gelenke passten, dann sollten sie sich aus dem Staub machen wie die Zuckermandelfee samt ihrem ganzen Hofstaat –, dennoch bedauerte ich es gleich danach. Ansonsten ist mir der Rest dieses Abends nicht mehr allzu deutlich in Erinnerung, nicht nachdem Jordy für schnöden Mammon an Bud gegangen war, aber eines fragte ich mich wieder und immer wieder, als hätte sich mir ein Splitter ins Gehirn gebohrt: *Wie um Himmels willen konnte dieser arbeitslose Dreckskerl mit zweihundertfünfzig Mäusen antanzen?*

Am nächsten Morgen rief ich gleich als Erstes in Jordys Zimmer an (ja, immerhin das: Sie hatte auch mir ihre Zimmernummer gegeben, allerdings fragte ich mich jetzt, ob sie da nicht nur ein Spielchen spielen wollte). Es meldete sich niemand, und das sagte mir etwas, das ich lieber nicht erfahren hätte. Ich erkundigte mich an der Rezeption und hörte dort, dass sie bereits am Vorabend ausgecheckt hatte, und ich dürfte ziemlich bedripst gewirkt haben, denn der Angestellte erzählte mir von sich aus, er habe keine Ahnung, wohin sie gefahren sei. Im selben Moment aber tauchte die unsichtbare Frau von der Cocktailparty aus dem Nichts neben mir auf, nun plötzlich sehr bemerkbar in einem kotzgrünen Jogginganzug, mit fettigen Haaren und einem narbigen, nackten Gesicht ohne einen Hauch von Make-up. »Suchst du nach Jordy?«, fragte sie, und vielleicht erkannte sie mich ja wieder.

Das Getrommel in meiner Brust ebbte schlagartig ab. Ich schämte mich. War verlegen und kam mir fehl am Platze vor, mein Kopf fühlte sich leer und höhlenartig an nach dem vielen Trübsal-Scotch vom Abend. »Ja«, gestand ich.

Sie hatte Mitleid mit mir und weihte mich ein: »Sie ist mit diesem Kerl von der Versteigerung gestern gleich zu irgend so einem kleinen Kaff gefahren. Sagte, dass sie zum Rückflug am Montag wieder da ist.«

Zehn Minuten später saß ich in meinem Chevy-Halbtonner und donnerte den Highway in Richtung Fairbanks und zur Abzweigung der Schotterstraße nach Boynton rauf. Ich verspürte einen Druck, der an Raserei grenzte, und mein Fuß lag auf dem Gaspedal wie ein Zementklotz, denn mir war völlig klar, was Bud tun würde, sobald er es nach Boynton geschafft hätte. Er würde den Wagen irgendwo loswerden – den er garantiert ohne die Einwilligung des rechtmäßigen Besitzers ausgeliehen hatte, wer immer das nun sein mochte –, sein Kanu mit Proviant und Jordy beladen und sich dann über den Fluss in Richtung seiner illegal errichteten Hütte absetzen. Und wenn das geschah, würde Jordy ihren Rückflug nicht erwischen. Nicht am Montag. Vielleicht gar keinen Flug mehr.

Ich versuchte an Jordy zu denken, wie ich sie aus alledem erretten könnte und wie dankbar sie mir dann sein müsste, sobald ihr nur erst klar geworden wäre, mit was für einem Menschen sie es bei Bud zu tun hatte und was seine Absichten waren, aber jedes Mal, wenn ich mir ihr Gesicht vorstellte, stieg das von Bud aus irgendeinem finsteren Loch meines Bewusstseins empor und überlagerte ihr Bild. Ich sah ihn am Tresen sitzen, in jener Nacht, in der er seine Füße verloren hatte. Er hatte sich wieder mal volllaufen lassen – obwohl ich ihm im Laufe des vergangenen Jahres schon dreimal Hausverbot erteilt hatte, wurde ich letztlich doch immer weich. War auf einer Sause gewesen, mit Chiz Peltz und so einem Indianer, den ich noch nie zu Gesicht bekommen hatte, der aber behauptete, ein vollblütiger Flathead aus

Montana zu sein. Es war Januar, ein paar Tage nach Neujahr, vielleicht zwei Uhr nachmittags, vor den Fenstern wurde es dunkel. Auch ich trank – mimte den Barkeeper, bediente mich aber öfter beim Scotch –, es war einer dieser Tage, wo die Zeit keine Rolle spielt und dein Leben sich dahinschleppt, als wären die Bremsen angezogen. Es waren vielleicht noch acht Leute bei mir im Laden: Ronnie Perrault und seine Frau Louise, Roy Treadwell, der einen Wartungsservice für Schneepflüge führt und Brennholz verkauft, Richie Oliver und noch ein paar – keine Ahnung, wo J. J. an diesem Tag war, hat wohl in seiner Hütte Patiencen gelegt oder die Wände angestarrt, wer weiß?

Jedenfalls war Bud voll drauf und fing an, Ausdrücke zu verwenden, die ich in meiner Bar sowieso nicht dulde, schon gar nicht, wenn Damen anwesend sind, deshalb ersuchte ich ihn, damit aufzuhören, und von da an wurde die Sache ungemütlich. Letzten Endes musste ich den Indianer an der Kehle packen und gegen die Wand drücken und Bud noch seinen halben Parka herunterreißen, ehe ich die drei davon überzeugen konnte, ihr Besäufnis drüben im Nougat fortzusetzen, wohin sie sich auch trollten, bereits in reichlich übler Verfassung. Clarence Ford ertrug sie auch nur bis gegen sieben, dann schmiss er sie raus und verriegelte die Tür, worauf sie sich in den Wagen von Chiz Peltz setzten, Motor und Heizung voll aufgedreht, und eine Flasche kreisen ließen bis sonst wann. Natürlich ging dem Wagen über kurz oder lang der Sprit aus, inzwischen waren alle drei besinnungslos wie die Zombies, und über Nacht fiel die Temperatur auf etwa minus fünfzig ... Wie gesagt, Chiz hat es nicht überlebt – wie er vor meinen Laden gekommen ist, werd ich wahrscheinlich nie erfahren. Bud brachten wir mit dem Hubschrauber ins Krankenhaus nach Fairbanks, aber seine Füße konnten sie dort nicht mehr retten. Der Indianer – hab ihn seit damals nie wieder gesehen – schien das Ganze mit Hilfe von zehn, zwölf Tassen Kaffee mit einem ordentlichen Schuss Gratis-Bourbon im Nougat einfach von sich abperlen zu lassen.

Bud hat mir und Clarence und allen übrigen Leuten im Ort nie verziehen. Er war ein Miesepeter, ein Nörgler der Oberklasse, der Typ Mensch, der seine Probleme jedem anderen zuschreibt, nur nicht sich selbst, und jetzt hatte er sich Jordy geschnappt, diese süße verträumte Englischlehrerin, die wahrscheinlich glaubte, bei uns hier oben sei alles genau wie in *Ausgerechnet Alaska*: lauter lustige exzentrische Typen, die einander mit witzigen Sprüchen bombardierten. Ich kannte Bud. Ich konnte mir vorstellen, wie er ihr seine illegal errichtete verfallene Scheißhütte geschildert hatte, zu der es in seinen Worten sicher gerade mal ein Hüpfer über den Fluss war, nicht die fast zwanzig Kilometer, die man tatsächlich zurücklegen musste – aber was sollte sie schon tun, wenn sie das erst herausfand? Ein Taxi rufen?

Solcherart waren meine Gedanken, als ich durch Fairbanks fuhr, in südöstlicher Richtung auf dem Alaska Highway, und endlich an die Abzweigung nordwärts nach Boynton kam. Es war später Nachmittag, und es lagen noch dreihundert Kilometer Schotterstraße vor mir, bevor ich auch nur Boynton erreicht, geschweige denn Bud eingeholt hätte – ich konnte nur hoffen, dass er wie üblich ein Päuschen im Nougat einlegte, um seinen Wodkaspiegel zu halten, doch die Chancen darauf standen schlecht, denn er würde ja Jordy möglichst fix den Fluss runterbringen wollen, bevor sie einen Begriff davon bekam, was er für einer war und was überhaupt ablief. Und noch etwas gab mir zu denken: Ihr Verhalten war mir unverständlich. Einfach unverständlich. Okay, er hatte das höchste Gebot abgegeben, und sie war keine Spielverderberin – aber die ganze Nacht hindurch mit diesem Schleimer im Auto fahren? Sich viele öde Stunden lang seine gequirlte Scheiße anhören, vielleicht sogar darauf reinfallen? Arme Jordy. Arme, arme Jordy.

Ich fuhr ununterbrochen mit Bleifuß, erreichte Boynton in Rekordzeit und ließ den Kies auf dem Parkplatz vor meinem Laden knirschen. Es standen nur drei andere Wagen dort, jeder war mir so vertraut wie mein eigener, und Ronnie Perrault, den ich gebeten hatte, mir übers Wochenende auszuhelfen, hielt die Stellung hinter dem Tresen der reichlich ruhigen Bar (die Hälfte der Männer im Ort war für die große Party nach Anchorage gezogen, dank Peters unermüdlichem Rühren der Reklametrommel). »Ronnie«, sagte ich, als ich in die Bar kam, wo gerade Lyle Lovett *Mackie Messer* mit einer Stimme sang, als wäre er halb tot, »hast du Bud gesehen?«

Ronnie saß bei einer Zigarette und einem Meyers Dark mit Cola und hielt liebevoll Händchen mit Louise. Er hatte eine Baseballkappe der Seattle Mariners verkehrt herum aufgesetzt und starrte vage ins

Leere, der Blick eines Mannes im Rum-Nirwana. Am anderen Ende des Tresens saß Howard Walpole, siebzig Jahre alt, schlimmer Rücken und triefende Augen, am Tisch beim Ofen spielte Roy Treadwell mit Richie Oliver Karten. Ronnie reagierte langsam und zähflüssig, wie der Grenadinesirup hinten in der Speisekammer, der kaum jemals Wärme abkriegt. »Ich dachte«, sagte er und kaute bedächtig seine Worte, »ich dachte, du kommst erst Dienstag zurück?«

»Neddy!«, rief Roy und quetschte die Koseform mit einem Kreischen heraus, »wie viele hast du abgeschleppt?«

»Bud«, wiederholte ich und sprach jetzt den Raum als Ganzes an. »Hat irgendwer Bud gesehen?«

Tja, da mussten sie erst mal stark nachdenken. Alle waren ziemlich bedüdelt – ist die Katz aus dem Haus, tanzen die Mäuse –, aber Howard riss sich als Erster zusammen. »Klar doch«, sagte er, »hab ihn gesehen«, und dabei beugte er sich so weit über seinen Drink, dass ich Angst bekam, er könnte reinfallen, »heute Morgen, ziemlich früh war das, in einem brandneuen Toyota Land Cruiser, keine Ahnung, wo er den herhat, und neben ihm saß eine Frau.« Und dann, als erinnerte er sich an ein nebensächliches Detail: »Ach übrigens, wie war denn der Fleischbasar? Bist du schon verheiratet?«

Louise kicherte, Ronnie stieß ein Gelächter aus, aber ich war nicht in Stimmung. »Wo ist er hin?«, fragte ich hoffnungsvoll, immer noch hoffnungsvoll, aber ich kannte die Antwort bereits.

Howard zappelte mit seinem Bein, ein Tick, den

er sich angewöhnt hatte, um die Rückenschmerzen zu lindern. »Hab nicht mit ihm geredet«, sagte er. »Aber ich denk mir mal, er ist den Fluss runter.«

Zu dieser Jahreszeit war der Fluss nicht allzu wild, schoss aber trotzdem mit nettem Tempo dahin, und ich muss zugeben, dass ich nicht gerade ein Weltmeister im Kanufahren bin. Ich bin einfach zu groß für so kleine Dinger – da lob ich mir ein Motorboot mit Außenborder – und immer irgendwie unbeholfen, vom Gewicht her ungünstig verteilt. Trotzdem sauste ich in der Strömung voran, im Kopf nur einen einzigen Gedanken: Jordy. Es würde verteufelt schwer werden, stromaufwärts zurückzupaddeln, aber wir wären ja dann zu zweit, und ich dachte immer wieder daran, wie dankbar sie mir sein müsste, dass ich sie da rausholte, viel dankbarer, als wenn ich einen Tausender für sie geboten und sie drei Abende hintereinander zum Steakessen eingeladen hätte. Dann aber geschah etwas Erstaunliches: Der Himmel wurde eisgrau, und es begann zu schneien.

So früh im Jahr gibt es einfach keinen Schnee, niemals, oder jedenfalls kaum je. Aber so war es nun mal. Der Wind heulte durch die Rinne des Flusses, knallte mir diese trockenen kleinen Eiskügelchen ins Gesicht, und jetzt merkte ich erst, wie dumm ich mich verhalten hatte. Ich war schon gut drei Kilometer flußabwärts von Boynton, und obwohl ich einen dünnen Parka und Handschuhe dabeihatte, außerdem etwas Käse, Brot, ein paar Coca, so was eben, war ich auf einen Wetterumschwung im Grunde nicht vorbereitet. Es kam überraschend, echt überraschend. Natürlich war ich da noch sicher, es wäre bloß ein kurzer Temperatursturz – ein bißchen Schnee, der einen Tag lang den Boden weiß macht und dann wieder wegschmilzt –, dennoch fühlte ich mich ziemlich blöd da draußen auf dem Fluss ohne richtigen Wetterschutz und fragte mich auch langsam, wie Jordy das sehen würde, wo ihr doch die vielen Namen für Schnee im Kopf herumgingen, und auch wie kreuzunglücklich sie in diesem Moment sein musste, in Buds Drecksloch von Hütte, kein Entkommen, und der Schnee kam herunter wie lebenslänglich, also legte ich mich voll ins Paddel.

Es war längst dunkel, als ich um die letzte Flussbiegung trieb und durch den Vorhang des fallenden Schnees die Lichter der Hütte sah. Ich hatte jetzt Parka und Handschuhe an und muss ausgesehen haben wie ein Schneemann, der da aus dem weißen Kuvert des Kanus emporragte, und ich spürte die Eiskristalle in meinem Bart, wo der Atem vor meinen Nasenlöchern gefror. Ich roch den Rauch eines Holzfeuers und sah in den dunkel dahinziehenden Himmel hinauf. War ich wütend? Eigentlich nicht. Noch nicht. Bis dahin hatte ich kaum darüber nachgedacht, was ich unternehmen wollte – es erschien mir alles so einleuchtend. Dieser Dreckskerl hatte sich Jordy gekrallt, ob nun unter Vorspiegelung falscher Tatsachen oder nicht, und die süße Jordy mit Emily Brontë unterm Arm hätte sich in ihren wildesten Träumen nicht vorgestellt, in was sie da hineingeraten war. Niemand konnte mir etwas vorwerfen. Alle Anzeichen sprachen dafür, dass Bud sie entführt hatte. Ja, entführt hatte er sie.

Trotzdem, als ich dann wirklich dort war, als ich den Rauch roch und die Lampen brennen sah, wurde ich auf einmal verlegen. Ich konnte ja schlecht hereinplatzen und verkünden, dass ich gekommen war, sie zu erretten, oder? Und so zu tun, als wäre ich rein zufällig in der Gegend, ging auch nicht ... Außerdem war das da drin Bud, und der war ohne Frage so wild wie eine Klapperschlange, die fühlt, dass sich ihr eine Hand um den Hals schließt. Wie man es auch sah, ihm würde das hier ganz und gar nicht gefallen.

Also zog ich das Kanu etwa hundert Meter von der Hütte entfernt ans Ufer, das Kratzen der Steine wurde vom Schnee gedämpft, und schlich mich an, so vorsichtig, wie es ein großer Mann eben sein kann – ich wollte Buds Hund nicht aufschrecken und die Sache verpatzen. Aber genau da lag das Problem, das wurde mir klar, während ich durch den Schnee tappte wie eine zum Leben erwachte Eisplastik: Was *gab* es denn hier überhaupt noch zu verpatzen? Mir fehlte jeder Plan. Ich hatte nicht einmal den Ansatz eines Plans.

Letzten Endes unternahm ich den logischen Schritt: Ich schlich mich ans Fenster und spähte hinein. Zuerst sah ich nicht allzu viel, weil die Scheibe total verdreckt war, dann aber rieb ich vorsichtig mit dem nassen Handschuh daran, und die Dinge bekamen langsam Konturen. Der Ofen in der Ecke bollerte, ein Flammenmaul schoss aus dem geöffneten Türchen, was einen echten Kamineffekt erzielte.

Neben dem Ofen war ein Tisch mit einer Flasche Wein und zwei Gläsern drauf, eins halb voll, und nun sah ich auch den Hund – das Vieh sah nach einem Alaskan Malamute aus –, der unter dem Tisch schlief. Es standen diverse selbst gezimmerte Möbel herum – eine Art Couch, über die eine alte Einzelmatratze geworfen war, und zwei primitive Stühle aus krummen Espenstämmen, an denen noch die Rinde hing. Vier, fünf weiße Plastikeimer voll Wasser säumten die Wand, die mit dem üblichen Trapperkram dekoriert war: Schneeschuhe, Fallen, Felle, der ausgestopfte Kopf eines kümmerlichen Karibus, den Bud bei irgendeinem Privatflohmarkt aufgestöbert haben dürfte. Aber Bud sah ich nicht. Und Jordy ebenso wenig. Dann wurde mir klar, dass sie im hinteren Zimmer sein mussten – im Schlafzimmer –, und davon bekam ich ein höchst eigenartiges Gefühl: Etwas schnürte mir die Kehle zu, so als ob mich jemand zu erdrosseln versuchte.

Der Schnee fiel jetzt ziemlich heftig, er lag schon mindestens fünfzehn Zentimeter hoch, als ich mich zum hinteren Fenster vorarbeitete, um die Hütte herum. Die Nacht war pechschwarz, der Himmel so nahe, dass er für mich atmete, ein und aus, ein und aus, und der Schnee hielt alles im kalten Griff der Stille gepackt. Im Schlafzimmer brannte eine Kerze – ich wusste, dass es eine Kerze war, weil das Licht so flackerte, auch als ich noch nicht vor dem Fenster stand –, und dann hörte ich auch die Musik, viele Geigen im Unisono, genau die Sorte Gedudel, wie man es von einem Schrumpfhirn wie Bud erwartet hätte, und daneben Stimmen, ein leises, vertrauliches

Raunen. Beinahe hätte mich das von allem abgebracht, dieses vernuschelte Gemurmel von Jordys Tonfall und das tiefere Dröhnen von Bud, und einen Augenblick lang hing alles in der Schwebe. Ein Teil von mir wollte von diesem Fenster verschwinden, sich zum Kanu zurückschleichen und die ganze Geschichte einfach vergessen. Aber das tat ich nicht. Ich konnte einfach nicht. Ich hatte sie zuerst gesehen – hatte ihr die Hand gedrückt, das Ansteckstäußchen überreicht und ihr handgeschriebenes Namensschild bewundert –, und es war nicht recht so. Das Stimmengemurmel schwoll in meinem Kopf an wie ein Kreischen, und dann gab es nichts mehr zum Nachdenken.

Meine Schulter krachte knapp oberhalb des Riegels gegen die hintere Tür und ließ das Ding aus den Scharnieren fliegen, als wär's ein Spielzeug, und da stand ich auf einmal im Raum, schwer atmend und kreidebleich im Gesicht. Ich sah sie miteinander im Bett liegen und hörte Jordys leisen, vogelartigen Schrei und Buds Fluchen, und dann kam der Hund aus dem vorderen Zimmer hereingeschossen wie von einer Kanone abgefeuert. (Hier sollte ich erwähnen, dass ich Hunde gern mag und niemals einem meiner eigenen Hunde auch nur ein Härchen gekrümmt habe, aber diesen hier musste ich einfach ausschalten. Mir blieb gar keine andere Wahl.) Ich packte ihn, als er gerade zum Sprung ansetzte, und schleuderte ihn gegen die Wand hinter mir, wo er als schlaffer Haufen zu Boden ging. Jordy kreischte jetzt, kreischte mit spitzen Schreien, fast hätte man meinen können, ich sei hier der Böse, aber ich versuchte, sie zu beruhigen. Ihre Arme waren nackt, die Bettdecke hatte sie hochgezogen, um ihre Brüste zu verbergen, und Buds Plastikfüße standen wie Pantoffeln auf dem Boden vor dem Bett, ich redete wie ein Wasserfall auf sie ein, ich würde sie beschützen, alles sei okay, und ich würde dafür sorgen, dass Bud die volle Härte des Gesetzes zu spüren bekam, die volle Härte, doch inzwischen fummelte Bud unter der Matratze etwas hervor, ganz die Schlange, die er war, und ich packte sein schmächtiges Handgelenk, in dem er jetzt eine blauschwarze Achtunddreißiger hielt, ich drückte fest zu, bis seine andere Hand hochkam, und die packte ich ebenfalls.

Jordy flüchtete in das andere Zimmer, und ich sah, dass sie nackt war, wobei mir sofort klar wurde, dass er sie vergewaltigt haben musste, denn es war ja unmöglich, dass sie mit einem solchen Schwein jemals freiwillig irgendetwas angefangen hätte, nicht Jordy, nicht meine Jordy, und der Gedanke an das, was Bud ihr angetan hatte, machte mich wütend. Der Revolver lag auf dem Boden, ich stieß ihn unters Bett und ließ Buds Handgelenke los, um seinen steten Strom von Beschimpfungen und wüsten Flüchen mit einem raschen Schlag gegen den Nasenrücken abzuwürgen, das war fast wie ein Reflex. Von der Wucht meines Schlags erschlaffte er, und ich war sauer, das gebe ich zu, ich war stinksauer darüber, was er dieser Frau angetan hatte, und es erschien mir völlig natürlich, ein wenig Druck auf seine Kehle auszuüben, bis die unfertig wirkenden Stümpfe seiner Beine völlig reglos auf der Decke lagen.

Hier wurde ich mir wieder der Musik bewusst,

aus einem schwarzen Plastikrekorder auf dem Regal schwollen die Geigen an und ab, bis der ganze Raum davon erfüllt war, kalter Wind blies durch den Eingang, und die gesplitterte Tür quietschte in den kaputten Scharnieren. Jordy, dachte ich, Jordy braucht mich jetzt, sie braucht mich, um von hier wegzukommen, also ging ich ihr ins vordere Zimmer nach, um ihr vom Schnee zu erzählen, dass er verfrüht niederging, und was das bedeutete. Sie kauerte in der Ecke vor dem Ofen, ihr Gesicht war tränennass, und sie zitterte. Sie hatte den Pullover über dem Kopf und schon ein Bein in der Jeans, aber das andere Bein war nackt, eine weiße Skulptur, völlig weiß, von den kleinen rotlackierten Zehennägeln zur Kurve des Oberschenkels und weiter hinauf. Es war ein schwieriger Moment. Und ich versuchte, es ihr zu erklären, wirklich. »Sieh doch mal hinaus«, sagte ich. »Sieh hinaus in die Nacht. Sieh hinaus in die Nacht.«

Da hob sie das Kinn und machte die Augen auf, sah durch die Tür in den hinteren Raum, sah Bud auf dem Bett liegen, den Hund auf dem Boden, sah das gähnende Loch, wo vorher die Tür gesteckt hatte. Und da war er, der Schnee, er fiel herab wie das Ende von allem, und jetzt gab es nur noch einen Namen dafür. Das wollte ich ihr klarmachen. Denn wir würden nirgendwohin gehen.

Als ich heute Morgen aufwachte, war alles weg, was ich mal hatte

Den Mann, von dem ich Ihnen erzählen will, habe ich in der Bar von Jimmy's Steak House kennengelernt. Er war auf Sauftour. Eigentlich nicht weiter überraschend, denn immerhin war es eine Bar, und was macht man in einer Bar, wenn nicht saufen? Und ein Drink führt zum nächsten, und wenn man in einer bestimmten Gemütsverfassung ist, dann hört man, denke ich mir, ein oder zwei Tage oder auch länger nicht mehr damit auf. Dieser Mann aber – er war in den Vierzigern, hochgewachsen, ohne ein Gramm Fett, er trug fleckige Dockers und ein marineblaues Sweatshirt mit an den Ellbogen abgeschnittenen, ausgefransten Ärmeln – schien schon seit Wochen, vielleicht Monaten auf Sauftour zu sein.

Es war ein Samstagabend, der Regen zischte auf den Straßen und ließ die Fenster beschlagen, und wer schon gegessen hatte, war inzwischen bei koffeinfreiem Kaffee, Käsekuchen und Brandy angelangt, während nach und nach die Stammgäste erschienen, um die anwesenden Frauen zu begutachten und darauf zu warten, dass die Band in der Ecke ihr Zeug aufbaute. Ich war neu in der Stadt. Ich hatte keine Verabredungen, keine Frau, keine Freunde.

Ich war ebenfalls auf einer Art Sauftour – einer Mini-Sauftour, besser gesagt. Am Abend zuvor war ich mit einer Bürokollegin ausgegangen, die, wie ich, frisch geschieden war, wir hatten etwas gegessen und waren durch ein paar Bars gezogen. Doch es hatte sich nichts daraus ergeben – ich gefiel ihr nicht, das hatte ich gleich beim Essen gemerkt. Ich war nicht ihr Typ, wie immer der auch aussah, und daraufhin war ich wahrscheinlich in Selbstmitleid verfallen und hatte zu viel getrunken. Am Morgen nach dem Aufstehen hatte ich mir, um den Kopf ein bisschen klar zu kriegen, aus einer Dose Tomatensaft, einem Teelöffel Meerrettich und zwei ordentlichen Wodkas eine Bloody Mary gemixt, dann war ich zum Frühstück in ein Lokal am Wasser gegangen und hatte zwei Gläser Chardonnay zu meiner Frittata mit hausgemachter Entenpastete und Fenchel getrunken, und dann hatte ich eine Sportbar aufgesucht und danach irgendeine andere und hatte nichts von dem erledigt, was ich mir die ganze Woche vorgenommen hatte, und zu Mittag gegessen hatte ich auch nicht. Oder zu Abend. Und so war ich schließlich bei Jimmy's gelandet, und da war er nun, der Mann mit dem Sweatshirt, auf Sauftour.

Rechts und links von ihm war Platz am Tresen. Er stand da, hatte den Barhocker weggeschoben, als hätte er für Bequemlichkeit nichts übrig, und seine Lippen bewegten sich, obwohl ich niemanden sah, der mit ihm sprach. Auf der Mahagonitheke lagen eine Taschenlampe, ein Notizbuch und ein Feuerzeug, und obwohl Jimmy's auf Margaritas spezialisiert war – auf der Getränkekarte standen achtzehn

Variationen –, hatte dieser Mann sich offenbar für den direkten Weg entschieden. Südlich der Taschenlampe stand ein halb volles Glas Bier, und er bewachte drei leere Tequilagläser, als befürchtete er, jemand könnte damit verschwinden. Langsam füllte sich die Bar. Es gab nur noch zwei Sitzplätze: rechts und links von ihm. Ich fühlte mich ein bisschen ausgebrannt, meine Beine waren mit einem Mal ganz schwer, und ich spielte mit dem Gedanken, an der Theke einen Burger oder ein Steak mit Fritten zu essen. Ich sah ihn mir an, überlegte kurz, setzte mich auf den Hocker rechts von ihm und bestellte etwas zu trinken.

Unsere Kommunikation begann eine halbe Sekunde später. Er tippte mir auf den Arm, sah mich aus hohlen Augen lange an und machte mit zwei Fingern die universale Geste des Rauchens. Normalerweise hätte ich mich geärgert – in diesem Staat ist das Rauchen in der Öffentlichkeit inzwischen verboten, und überhaupt bin ich Nichtraucher, schon immer –, aber ich war ja selbst auf einer Art Sauftour, und so grinste ich nur und zuckte die Schultern. Er wandte sich ab, winkte dem Barmann und bestellte noch einen Tequila – er trank Herradura Gold – und ein Bier. Dann das Ritual: Er biss in den Limonenschnitz, den der Barmann servierte, streute Salz in die Mulde zwischen Daumen und Zeigefinger, leckte es ab, kippte den Tequila hinunter und spülte mit einem Schluck Bier nach. Er atmete tief aus, und sein Blick wanderte zurück zu mir. »Schön, dass Sie da sind«, sagte er, als würden wir uns seit Jahren kennen.

Ich sagte, ich fände es auch schön, dass er da sei. Das Stimmengewirr um uns schien etwas lauter zu werden. Eine Frau am Ende der Theke lachte fett und röchelnd, als würde sie mit großem Widerwillen etwas heraufhusten.

Er beugte sich vertraulich zu mir. »Wissen Sie«, sagte er, »es gibt viele Gründe, warum Leute trinken. Wollen Sie wissen, warum ich trinke? Weil es mir schmeckt. Schlicht und ergreifend. Weil es mir schmeckt.«

Ich sagte, bei mir sei es ebenso, und er machte eine Faust und schlug mir leicht auf den Oberarm. »Sie sind in Ordnung, was?« Er streckte mir die Hand hin, als hätten wir soeben ein Geschäft abgeschlossen, und ich nahm sie und schüttelte sie. Ich bin jahrelang Geschäftsmann gewesen – eigentlich all die Jahre seit dem College, bis auf eines –, und dass ich ihm meinen Namen sagte, war eine Art Reflex. Er antwortete nichts, sondern starrte mir nur grinsend in die Augen, bis ich sagte: »Und wie soll ich dich nennen?«

Der Mann sah an mir vorbei, sein Blick wanderte zu dem rot-grünen Neonzeichen mit den dicht an dicht stehenden Neonpalmen hinter der Theke, das den Namen des Etablissements verkündete. Es dauerte einen Moment, dann ließ er meine Hand los und sagte: »Nenn mich einfach Jimmy.«

Wenn nach ein paar Drinks die Themen Sport, Filme und Fernsehserien erschöpft sind, reden die Leute gern über Alkohol und über Bekannte, die zu viel trinken und die Sache nicht in den Griff kriegen und damit nicht nur ihr eigenes Leben ruinieren, sondern auch das derer, die ihnen nahestehen. Und dann kommen die Einzelheiten. Dieser Mann – Jimmy – war keine Ausnahme. Bei ihm lag der Alkoholismus, wie er sagte, in der Familie. Sein Vater war auf der Straße gestorben, als er noch nicht mal so alt gewesen war wie Jimmy jetzt, ein Herumtreiber, ein Penner, für den die Welt und insbesondere seine Frau und seine Kinder keine Verwendung gehabt hatten. Und Jimmy selbst hatte ein Problem mit dem Alkohol. Das gab er zu.

Vor einem Jahr hatte er an der Ostküste gelebt, in einer Stadt am Hudson, direkt hinter der Stadtgrenze von New York, und an der örtlichen High School Geschichte unterrichtet. Er war ziemlich spät Lehrer geworden, war vorher jahrelang nach Manhattan gependelt, wo er einen viel zu stressigen Job hatte. Geschichte war seine Leidenschaft, und er war kein Langweiler geworden wie so viele seiner Kollegen, die wie Zombies nur noch ihren Stoff abspulten. Er trieb auch gern Sport. Er joggte, spielte Tennis, radelte mit dem Mountainbike, war im Herbst Lacrosse- und im Frühjahr Baseball-Trainer. Seine Frau hatte er in seinem letzten Studienjahr an der State University in Albany kennengelernt. Sie hatten einen Sohn – »Nennen wir ihn Chris«, sagte er und sah wieder auf das Neonzeichen. Er hatte Chris auf der High School gecoacht und schließlich erlebt, wie er als frischgebackener Student an eine der angesehensten Universitäten kam.

Das war gut. Alles war gut. Das Schuljahr begann, er kramte seine Notizen hervor, fotokopierte Lehrpläne, studierte die Klassenlisten und wusste, wem er vertrauen konnte und auf wen er ein Auge haben musste. Morgens frühstückte er vor Tagesanbruch in der Küche, zur Gesellschaft nur das leise Gedudel der Hits im Classic-Rock-Sender, die ihn zurückversetzten und die er jahrelang nicht gehört hatte, denn bei Chris hatte es immer nur Hip-Hop- oder alternative Sender gegeben. Oben, im großen Schlafzimmer, gönnte sich Caroline den Luxus auszuschlafen, nachdem sie dreizehn Jahre lang Rührei gebraten, Toast gebuttert und dafür gesorgt hatte, dass ihr Sohn rechtzeitig zur Schule kam. Es war noch dunkel, wenn er in den Wagen stieg, und meistens war er der Erste im Schulgebäude und ging durch die blank geputzten breiten Gänge, in einer Stille, die an sich selbst hätte ersticken können.

In jenem Jahr setzte der Herbst früh ein, mit einer Reihe feucht glänzender Tage, die das Laub von den Bäumen pflückten und sich vom Atem des Windes nährten. Es war, als würde es tagein, tagaus nur noch regnen. Nie wölbte sich der Himmel in seiner ganzen Herrlichkeit, nie schien die Sonne. In der Zeitung sah er ein Foto – ein Jogger mit nacktem Oberkörper am Strand von Key Biscayne – und spürte, dass die Realität ihm entglitt. Eines Nachmittags stand er am Spielfeld hinter dem Schulgebäude – die Lacrosse-Mannschaft spielte gegen die größere, talentiertere Mannschaft einer Privatschule aus der Gegend – und konnte sich nicht auf das Spiel konzentrieren. Sein Assistent, nur drei oder vier Jahre älter als die Spieler, übernahm das Anfeuern und Schulterklopfen, wechselte aus und zügelte die Temperamente – Jimmy betonte immer, wie wichtig Disziplin war, denn bei einem Sport mit Körperkontakt gewinnt letztlich immer die Mannschaft, die ihre Emotionen unter Kontrolle hat –, während die große Uhr die Minuten bis zur Halbzeit abtickte und der Himmel sich verdunkelte und Graupeln den Regen weiß färbten.

Die Schläger blitzten, die Spieler rannten brüllend und fluchend hin und her. Er stand da im Regen, frierend und mit nassen Haaren, er war körperlich anwesend und doch eigentlich gar nicht da. Er durchlebte in Gedanken einen Augenblick wie diesen, eine Episode, die sich im vergangenen Jahr abgespielt hatte, als sein Sohn der Star der Mannschaft war: das Spielfeld matschig, die Beine der Spieler eine Collage aus Schlamm, Striemen und erblühenden blauen Flecken. Chris hatte den Ball. Zwei Verteidiger stürzten sich auf ihn, und Jimmy – der Trainer, der Vater – sah es kommen, sah den Zusammenprall, der den Tag auseinanderreißen würde, Knochen auf Knochen, die Gehirnerschütterung, die Oberschenkelfraktur, die Wirbelsäulenverletzung, den Schädelbruch. Das Geräusch, der Übelkeit erregende feuchte Knall, ließ ihn so nachhaltig erstarren, dass er nicht einmal zu seinem Sohn rennen konnte – er war unfähig, sich zu rühren. Doch dann das Wunder: Chris erhob sich mühsam und steif von der kalten Erde und machte ein paar Schritte, damit der Schmerz abklang.

Jimmy wurde aus seinen Gedanken gerissen, als ihn jemand am Ärmel zupfte. »Trainer«, sagte jemand – es war Mary-Louise, die Sekretärin des Rektors, und was hatte sie bei diesem Wetter hier draußen zu suchen, wo die Graupeln sich wie Schuppen in ihrer Frisur verfingen, die mit ihren Strähnchen und der Dauerwelle bestimmt fünfundsechzig Dollar gekostet hatte? »Jimmy«, sagte sie, »Sie sollen Ihre Frau anrufen.« Sie machte ein bestürztes Gesicht, die weißen Körnchen prallten auf ihre Haare. »Ein Notfall.«

Er benutzte das Telefon im Büro des Fachbereichsleiters für Geschichte und war vor allem genervt. Seit Chris nicht mehr zu Hause wohnte, schien alles und jedes die Alarmglocken in Carolines Kopf schrillen zu lassen: Sie hatte vorn im Wagen ein Geräusch gehört, das Telefon hatte dreimal hintereinander geläutet, doch es hatte sich niemand gemeldet, der Kater wollte nicht fressen, und Caroline war sicher, dass er Katzenleukämie hatte, denn darüber hatte sie gerade etwas in der Zeitung gelesen. Was war es wohl diesmal – ein leises Kratzen auf dem Speicher? Schimmel auf der Dichtung am Badewannenrand? Jimmy dachte an nichts. Während er die Nummer wählte, starrte er den halbmondförmigen weißen Strand auf dem mit Markierungen versehenen Kalender hinter Jerry Mortensens Schreibtisch an und wünschte sich zur Abwechslung mal ein bisschen Sonnenwärme auf dem Gesicht. Florida. Wenn Chris Lust hatte, könnten sie in Florida Urlaub machen.

Caroline hob beim zweiten Läuten ab, und ihre Worte brannten ein Loch in ihn. »Es geht um Chris«, sagte sie. »Er ist im Krankenhaus.« In ihrer Stimme kein Beben, keine Emotion, keine feinen Risse an den Rändern dessen, was sie ihm zu sagen hatte, und das machte ihm Angst. »Er ist im Krankenhaus«, wiederholte sie.

»Im Krankenhaus?«

»Jimmy«, sagte sie, und jetzt brach ihre Stimme in kleine Stücke wie bei einer Splitterfraktur. »Jimmy, er stirbt.«

Er stirbt? Ein durchtrainierter Achtzehnjähriger mit charmantem Lächeln und ohne schlechte Angewohnheiten, mit kerngesundem Herzen, muskulösen Gliedern, lernbegierig, pflichtbewusst, ohne irgendwelche Flausen? »Wieso?«, sagte ich, und mit einem Mal klang mir meine Stimme blechern in den Ohren, denn sein Schmerz war nicht meiner, und der eine war nicht mit dem anderen zu verwechseln. »Ein Autounfall?«

Am Abend zuvor hatte es eine Party von einer Studentenverbindung gegeben. Die Straßen waren glatt, hier und da war der Strom ausgefallen, aus Regen wurde Eisregen, aus Eisregen Schnee. Chris war einer von zwölf Anwärtern auf eine Mitgliedschaft in Delta Ypsilon, einer partybegeisterten Verbindung, die sofortigen Zugang zum sozialen Geschehen versprach, und zu den Pflichten der Anwärter gehörte es, alles für die Party heranzuschaffen: Bier, Wodka, Preiselbeersaft, Chips, scharfe Soßen und Wimpelketten, die über den Türen des großen weißen Ozeanriesen von einem Haus aufgehängt werden sollten, das zu Beginn des vergangenen Jahrhunderts einem Schiffsmagnaten gehört hatte. Keiner von ihnen besaß einen Wagen, und so mussten sie zu Fuß in die Stadt, dreimal insgesamt, auf Bürgersteigen, die so glatt waren wie Bobbahnen. Der

Schnee fiel in Schwaden, und einer – Sonny Hammersmith, der dreiundzwanzig war und vier Jahre bei der Marine gewesen war, der Einzige von ihnen, der keine falschen Altersangaben machen musste – schlug vor, einen kleinen Boxenstopp in der Owl's Eye Tavern einzulegen und ein schnelles Bier einzuwerfen, damit man in Partystimmung kam. Chris versuchte, ihm das auszureden. »Bist du verrückt?«, sagte er. Er balancierte auf einer Schulter einen Karton, aus dem die bernsteingelben Hälse der Tequilaflaschen ragten. Auf der Straße rauschten Wagen vorbei, und alles, was man nicht direkt vor Augen hatte, verschwamm in Weiß. »Wenn Dagan das rauskriegt, bringt er uns um.«

»Scheiß auf Dagan. Was soll er denn machen? Uns nacheinander vermöbeln?«

Ein Schneeball prallte mit solchem Schwung gegen den Karton, dass Chris ihn beinahe hätte fallen lassen. Alle lachten, Atemwolken hingen in der Luft, die Gesichter waren gerötet, weil alles so neu war und sie sich so ausgelassen und frei fühlten. Er stellte den Karton ab und bewarf die anderen mit Schneebällen. Direkt gegenüber war die Kneipe, ein unscheinbares Haus mit steilem Schindeldach, und vielleicht hatte es schon hier gestanden, als die Pilgerväter angekommen waren – uralt war es, unzerstörbar, verwurzelt wie ein Baum. Es wurde dunkel. Schnee lag auf den Dächern, die Fenster waren wie Teiche aus Gold. Ein Wagen kroch vorbei, an den Hinterrädern klirrten Ketten. Chris sah in den Himmel und schloss die Augen. Schnee legte sich wie eine kalte Kompresse auf seine Lider. »Na gut«, sagte er, »okay. Warum nicht? Aber nur eins, und dann sollten wir uns besser –« Aber er dachte diesen Gedanken nicht zu Ende.

Drinnen war es wie in einer anderen Welt, wie in einer Geschichtsstunde: Hinter der Theke standen Gläser mit Soleiern und polnischen Würsten, an den Wänden hingen Anstecker aus den Präsidentschaftswahlkämpfen der Vierziger- und Fünfzigerjahre – *I Like Ike* –, und es gab einen Kamin, einen echten Kamin, in dem vor einem Hintergrund aus rauchgeschwärzten Backsteinen Funken von den Eichenscheiten stoben. Die Luft roch angenehm süß, doch es war keine zuckrige Süße und auch nicht der künstliche Geruch eines Raumsprays, sondern ein Duft nach Holz und Holzrauch, nach Pfeifentabak und Alkohol. Sonny holte an der Theke zwei Krüge Bier und eine Runde Pfefferminzschnaps. Sie blieben nicht länger als eine halbe Stunde – sollte Dagan Drava, der über die Korrektheit des Aufnahmerituals wachte, davon erfahren, würde er ihnen die Haut bei lebendigem Leib abziehen –, und sie tranken schnell und gierig, als wären sie dabei, eine Straftat zu begehen. Und so war es ja auch. Auf dem Fenstersims türmte sich der Schnee. Jeder trank noch zwei Schnäpse, und auch die Krüge wurden nachgefüllt, vielleicht sogar zweimal – Chris war sich nicht ganz sicher.

Und dann begann die Party. Es war ein verschwommenes Durcheinander aus grinsenden, taumelnden Gesichtern, die Musik war wie ein zweiter Puls, die Mädchen lachten, die Verbindungsbrüder behandelten die Anwärter fast wie menschliche

Wesen, und das alles war besonders, weil der Schnee noch immer fiel, dichter jetzt, als wäre das Ende der Welt gekommen. Jedes Mal, wenn die Haustür geöffnet wurde, schlug der Geruch nach Schnee über einem zusammen, als würde man sich am heißesten Tag im August in einen eiskalten Bach stürzen, und dann standen da zwei Mädchen, zwei weitere Mädchen mit bis zu den Augenbrauen heruntergezogenen Strickmützen und über die Schulter geworfenen Schals, die sich den Schnee von den Füßen stampften und riefen: »Ein Bier! Ein Bier! Mein Königreich für ein Bier!«

Die Zeit schrumpfte. Eben hatten Chris und die anderen Anwärter noch alle Hände voll zu tun gehabt, für Nachschub an Getränken und Snacks zu sorgen, die auf dem großen Tisch im Esszimmer aufgebaut waren, und es roch nach verschüttetem Bier und Tequila, als wäre eine große Welle durch das Haus gebrandet und hätte vom Speicher bis zum Keller alles durchtränkt, und im nächsten Augenblick waren die Mädchen verschwunden, die Nacht brach herein, und Dagan schwang die Peitsche. »Also gut, ihr Hunde, ich will, dass ihr das Haus putzt, und zwar porentief rein, verstanden? Ihr habt zehn Minuten – dann ist der ganze Abfall draußen, und auf dem Boden liegt kein Stäubchen mehr!« Die anderen Brüder standen jetzt im Nach-Party-Modus herum, zapften Bier aus dem Fass – jedenfalls diejenigen, die nicht mit einem der Mädchen im Bett lagen –, und sie stießen anzügliche Ermunterungsrufe aus, verteilten Kopfnüsse, bellten willkürliche Befehle und ließen die Anwärter bei der kleinsten

Provokation zwanzig Liegestütze machen (wobei die Tatsache, dass sie atmeten, lebendig und anwesend waren, Provokation genug zu sein schien).

Wie jeder andere normale Achtzehnjährige trank Chris Alkohol und hatte so ziemlich alles schon mal probiert. Er war kein Engel, das war Jimmy klar, und das Trinken – der Geschmack daran – lag ihm im Blut, keine Frage, aber solange er auf der High School gewesen war, hatte er nur Bier getrunken, und auch das nur in Maßen. Chris fürchtete die Auswirkungen auf seine sportlichen und schulischen Leistungen, und meistens war er es, der nach den Partys im Anschluss an die Spiele die anderen nach Hause fuhr. Doch jetzt war er betrunken, sein Kopf voller Watte, vor den Augen ein Vorhang. Er bewegte sich langsam und bedächtig, zerrte einen schwarzen Plastiksack mit nassem Abfall hinter sich her, hantierte mit Schaufel und Kehrbesen und lauschte in dem Durcheinander aus Rufen, Flüchen und zu lauter Tanzmusik auf Dagans Stimme, als wäre sie das Einzige, woran er sich klammern konnte, das Einzige, was ihn durch diese Prozedur und in die Geborgenheit seines Betts in dem fensterlosen Zimmerchen hinter der Treppe im ersten Stock bringen würde.

»Moment mal – was ist das? He, Dagan. *Dagan.* Siehst du das?« Das war der Typ, den sie »Pillar« nannten. Er war bereits im Hauptstudium, hatte einen Ausdruck permanenter Enttäuschung auf dem Gesicht und angeblich mal in Harry's Bar in Key West ein Wetttrinken gegen einen hundertfünfzig Kilo schweren Mann aus Samoa gewonnen, der nach dem sechzehnten Mojito in die Knie gegangen war. Pillar hielt zwei noch ungeöffnete Flaschen Don José Tequila hoch.

Dagans Gesicht schob sich ins Bild. »Oh, ich verstehe – die Hütte ist einfach nicht sauber, stimmt's? Ich meine, würdest du unter diesen Umständen eine Operation durchführen?«

»Auf keinen Fall«, sagte Pillar. »Nicht, solange diese verdammten Flaschen hier rumstehen. Ich bin konsterniert. Empört. Was ist mit dir, Dagan? Bist du nicht auch empört?«

Mann. So nannten sie das Trinkspiel. Chris hatte noch nie davon gehört und würde auch nie mehr davon hören. »Mann« – das war alles, was sie sagten, alle riefen es jetzt: »Mann! Mann! Mann!« Dagan führte die Anwärter in das Spielzimmer im Keller, ließ sie an der hinteren Wand Aufstellung nehmen und drückte jedem ein Schnapsglas in die Hand. Hier unten stand auch der große Fernseher, vor dem sich das ganze Haus versammelte, um die Pats und die Celtics und die Pornofilme zu sehen, die das Blut so in Wallung brachten, dass man glaubte, es würde einem gleich zur Schädeldecke rausspritzen.

Es war zwei Uhr morgens. Chris spürte seine Beine nicht mehr. Alles kam ihm plötzlich so komisch vor, und er lachte so sehr, dass er dachte, er würde gleich alles rauskotzen: Bier, Schnaps, Peperonipizza, Chips mit Soße, Käsecracker. Die anderen Anwärter lachten ebenfalls. »Mann« – das war das Lustigste, was man sich nur vorstellen konnte. Dagan legte die Videokassette mit *Bill und Teds verrückte Reise in die Zukunft* ein und gab ihnen die

Instruktionen. Es war eine ernste Sache, ein Ritual: Kaspereien wurden nicht geduldet. (»Ich mache keine Witze, also hört auf, schief zu grinsen – ihr steckt tief in der Scheiße.«) Musik, ein Wirbel von Farben, und dann erschien Keanu Reeves mit seinem schmalen asiatischen Gesicht und den kleinen Augen und spielte den Blödmann oder chargierte auf Teufel komm raus, und jedes Mal, wenn er das einsilbige Wort sagte, dem das Spiel seinen Namen verdankte – »He, Mann«, »Was läuft, Mann?« –, mussten die Anwärter ihr Glas heben und austrinken, bis die beiden Tequilaflaschen leer waren.

Benny Chung war der Erste, der aufgab. Er war siebzehn, ein Vollstipendiat mit schmalen Schultern, Handgelenken, die man mit Daumen und Mittelfinger umfassen konnte, und einem Kopf, der wie ein Ballon an der dünnen Schnur seines Halses zu schweben schien. Seine Schultern sackten nach vorn, als wollte er unter einem tief hängenden Ast hindurchtauchen, und dann riss er den Mund auf und kotzte auf den Boden, auf seine Hosenbeine und die knöchelhohen schwarzen Converse-Turnschuhe. Es war eine heldenhafte Anstrengung – so viel braune Suppe aus einem so zierlichen Körper –, und Benny musste sich auf ein Knie niederlassen, um alles herauszubekommen. Niemand sagte ein Wort, niemand lachte. Auf dem Bildschirm sagte Keanu Reeves das Zauberwort, und alle Anwärter, einschließlich Benny, tranken ihr Glas aus. Benny konnte den Tequila jedoch nicht bei sich behalten, und Chris ebenfalls nicht. Chris sah den Ausdruck auf Bennys Gesicht – das Aufbegehren des gesamten Organismus und sämtlicher Zellen, aus denen er bestand –, und er merkte noch, dass seine Beine einknickten und wie erleichternd es war, der Übelkeit nachzugeben, und dann merkte er nichts mehr.

Alle Verbindungsbrüder wimmelten jetzt herum, ereiferten sich über dieses schwache Bild, diese jämmerliche Vorstellung, diesen Haufen von Anwärtern, die den Namen Anwärter nicht verdienten. Hände griffen nach Benny und Chris, es wurde gerufen und gestoßen, wieherndes Gelächter ertönte, man schrie »Krass!« und »He, pass auf, schmier mir nicht das Zeug an die Sachen!«, und die Hände packten Achselhöhlen und Kniekehlen. Man legte Benny und Chris nebeneinander in Chris' Bett, und dann trampelte die ganze Bande wieder hinunter in den Keller. Erst nach einer halben Stunde, als beide Flaschen Don José ausgetrunken waren, kam jemand auf den Gedanken, nach den beiden zu sehen, und es vergingen weitere zehn Minuten, bis Dagan Drava, Medizinstudent im Vorstudium, merkte, dass Chris nicht mehr atmete.

»Er war also betrunken«, sagte Jimmy, als die Band ihr erstes Stück spielte, einen Blues, der irgendwie vertraut klang, »aber wer war das nicht schon mal? Ich bin schon tausendmal betrunken gewesen, wenn du verstehst, was ich meine. Und während Caroline hyperventiliert und die Hände ringt und mich halb verrückt macht, denke ich: Wenn wir im Krankenhaus die Tür zu seinem Zimmer aufmachen, wird er mit einem blöden Grinsen im Bett sitzen, wahrscheinlich mit höllischen Kopfschmerzen, und eine Lektion gelernt haben – aber mehr auch nicht.«

Aber Jimmy täuschte sich. Sein Sohn hatte sein Erbrochenes eingeatmet, sodass die Lungen geschädigt waren. Niemand wusste, wie lange er neben Benny Chung im Bett gelegen hatte, ohne zu atmen, bevor die Rettungssanitäter sein Herz wieder in Gang gebracht hatten, und niemand konnte sagen, welchen Schaden sein Gehirn genommen hatte. Ein Computertomogramm zeigte ein Hirnödem. Er lag im Koma. Er wurde künstlich beatmet. Caroline verfolgte die Ärzte wie eine Inquisitorin, unablässig, schrecklich in ihrer Verzweiflung. Sie lauerte ihnen auf den Korridoren auf, lief ihnen bis zu ihren Wagen nach, lag ihnen am Telefon in den Ohren, verlangte – und bekam – den besten Neurologen von Neuengland. Chris schlug nie wieder die Augen auf. Hinter den Lidern waren die Pupillen, schwarz wie ein schmutziges Geheimnis, vollständig geweitet und blickten ins Leere. Zwei Tage später war er tot.

Ich gab Jimmy einen Drink aus und betrachtete mich im Spiegel hinter der Bar. Ich sah nicht aus wie jemand, den ich kannte, aber da saß ich, mit aufgestützten Ellbogen und einem frischen Drink, saugte Luft in die Lungen und stieß sie wieder aus. Die Frau mit dem röchelnden Lachen war verschwunden. Ein Pärchen von Mitte zwanzig hatte den Platz auf der anderen Seite von Jimmy eingenommen und ahnte nichts von dem Drama, das er mir gerade erzählt hatte. Die Frau saß auf dem Barhocker und umarmte den Mann, der vor ihr stand und sich im Takt der Musik wiegte. Zur Band gehörte ein Mundharmonikaspieler, der auf der Bühne hin und her tigerte wie ein eingesperrtes Tier und das Spektrum der Töne von Verzweiflung bis Ungläubigkeit und wieder zurück durchmaß, während der Bassist sich vorbeugte, als wäre er auf alles gefasst, und der Gitarrist langsame, klagende Töne in den Klangteppich wob.

»Bloß kein Mitleid«, sagte Jimmy. »Ich amüsiere mich großartig hier in Kalifornien.« Er zeigte auf die regennassen Fenster. »Der viele Sonnenschein muntert mich unheimlich auf.«

Ich weiß nicht, warum ich fragte – ich war wahrscheinlich betrunken und ein bisschen sentimental –, aber ich sagte: »Weißt du schon, wo du heute Nacht schläfst?«

Er blickte in sein Glas, als könnte er auf dem Boden einen Motelschlüssel finden. »Ich hab ein Sabbatjahr«, sagte er. »Oder vielmehr unbezahlten Urlaub. Ich hab bei meinem Bruder gewohnt, oben in Olive Mill, aber er ist mir auf die Nerven gegangen. Caroline hat's nicht mehr ausgehalten. Sie ist wieder in New York. Glaube ich jedenfalls.«

»Harte Zeiten«, sagte ich, nur um etwas zu sagen.

»Allerdings«, sagte er. »Das ist der langen Rede kurzer Sinn. Aber ich sag dir was: Ich lande immer auf den Füßen, und mein Plan ist, eine von den einsamen Frauen hier abzuschleppen, zum Beispiel die da drüben, mit den gefärbten Haaren, die aussieht, als käme sie direkt aus einem Sarg. Wollen wir wetten, dass sie mich mit nach Hause nimmt? Und dass sie eine Dusche und vielleicht sogar einen Jacuzzi hat?«

Ich wollte nicht wetten. Ich wollte noch einen Drink, sonst nichts. Und danach vielleicht noch einen in dieser Bar ein Stück weiter die Straße runter, wo ich schon ein paarmal gewesen war. Ich wollte sehen, was dort so los war, denn es war Samstagabend, und man konnte ja nie wissen.

Eine Woche später – genauer gesagt: am nächsten Freitag – ging ich in eine Bar am Yachthafen, um ein paar Cocktails zu trinken, und zwar mit einer Frau, bei der ich am Samstag zuvor, nachdem ich mich im Steakhaus von Jimmy verabschiedet hatte, beinahe gelandet war. Sie hieß Steena, war eins achtzig groß und blond und verarbeitete gerade eine harte Trennung von einem Freund namens Steve, dessen Name mit der Häufigkeit eines Sprachfehlers über ihre Lippen kam. Sie erklärte sich bereit, mit mir »einen trinken zu gehen«, und obwohl ich gehofft hatte, dass mehr daraus würde, kam ich nach einem Teller Austern und je zwei Gläsern Piper-Heidsieck für zwölfeinhalb Dollar pro Glas zu dem Schluss, dass ich auch nicht *ihr* Typ war. Sie blickte andauernd auf die Uhr, und schließlich klingelte ihr Handy, und sie stand auf und ging in den Vorraum, um den Anruf anzunehmen. Es war Steve. Es tat ihr sehr leid, aber er wollte sich zum Abendessen mit ihr treffen, und er klang so traurig und niedergeschlagen, so durch und durch reumütig und zerknirscht, dass sie es ihm einfach nicht abschlagen konnte. Ich sagte nichts, ich sah sie nur an. Zwischen uns stand der Teller mit den geschändeten Austern. »Tja«, sagte sie und blieb neben dem Tisch stehen, als hätte sie Angst, sich wieder zu setzen, »dann muss ich mich jetzt wohl verabschieden. Es war aber sehr nett. Wirklich.«

Ich bezahlte, setzte mich an die Bar, sah mit halbem Auge auf den stumm geschalteten Fernseher, wo die Lakers ihr Zeug abspulten, und warf hin und wieder einen Blick durch das Fenster auf die Boote, die im Hafen Zuflucht vor der Nacht gesucht hatten, und den kahlen, bleichen Wald aus Bootsmasten. Ich trank Brandy und Soda, aß ein paar von den aromatisierten Snacks und wartete darauf, dass etwas passierte, als ich den anderen Mann traf, von dem ich Ihnen erzählen wollte. Shaqs riesiger Kopf füllte den Bildschirm und verschwand wieder, ich drehte mich um, und da war er und setzte sich auf den Platz neben mir. Für einen Augenblick dachte ich, es sei Jimmy – er hatte denselben Hundeblick, dieselbe hünenhafte Statur, dieselbe Erscheinung eines aus dem Leim gegangenen Athleten –, und ich zuckte zusammen, denn das Letzte, was ich in meinem gegenwärtigen Gemütszustand brauchte, war noch eine Geschichte, die mir Mitgefühl abverlangte. Er nickte mir zu und sah auf den Bildschirm. »Wie steht's?«

»Die Lakers machen sie fertig«, sagte ich. »Glaube ich jedenfalls. Eigentlich bin ich ziemlich sicher.« Es war tatsächlich Jimmy – er musste es sein. Sorgfältig gekleidet, gekämmte Haare und ein Gesichtsausdruck, der verriet, dass er mit sich im Reinen war. In diesem Augenblick fiel mir sein Bruder ein. »Sind Sie vielleicht Jimmys Bruder?«, sagte ich. »Rein zufällig?«

»*Wessen* Bruder?«

Ich kam mir vor wie ein Idiot. Offenbar hatte Jimmy mir nicht seinen richtigen Namen gesagt.

Warum auch? Der Alkohol erblühte in meinem Gehirn, Blütenblätter entfalteten sich wie eine Rosenknospe im Zeitraffer. »Ach, nichts«, antwortete ich. »War nur so 'ne Idee.« Ich sagte nichts weiter und verfolgte wieder das Spiel. Nahm mir von den aromatisierten Snacks. Trank noch einen Brandy mit Soda. Nach einer Weile bestellte der Mann neben mir etwas zu essen und begann mit einer erschrocken wirkenden Frau und ihrem martinibetriebenen Mann ein Gespräch über Abfallverwertung und kriminelle Verschwendung. Langsam füllte sich die Bar. Die erschrocken wirkende Frau und ihr Mann setzten sich ins Restaurant, um zu Abend zu essen, und andere Gäste nahmen ihre Plätze an der Bar ein. Nichts passierte. Absolut nichts. Ich spielte mit dem Gedanken, weiterzuziehen, eine Pizza zum Mitnehmen zu kaufen und früh zu Bett zu gehen – ich sah mich schon an der Expresstheke von Paniagua's Pizza Palace stehen, wo man zwei große Stücke mit Chorizo und Peperoni für drei Dollar fünfzig kriegte, doch stattdessen wandte ich mich an den Mann zu meiner Linken und sagte: »Aber Sie haben doch einen Bruder, oder?«

Er bedachte mich mit einem langen, nachdenklichen Blick und zuckte die Schultern. »Und? Schuldet er Ihnen Geld?«

Und so sprachen wir über Jimmy, über Jimmys Tragödie, über Jimmys Weigerung, sich mit den Tatsachen abzufinden, und darüber, dass Jimmy mit vollem Tempo gegen die scharfen Kanten der Welt anrannte und demnächst in einem Sarg enden würde wie sein Vater und sein Sohn vor ihm, wenn er nicht schleunigst eine Entziehungskur machte. Dann redeten wir ein bisschen über mich – wobei ich allerdings nicht gerade viel preisgab – und anschließend über allgemeine Themen, unter anderem darüber, dass die Leute im Fernsehen immer ganz anders aussahen als die Leute im wirklichen Leben, zum Beispiel die Gäste, die da unten an ihren Tischen saßen wie ein noch unentdeckter Stamm, und dann kamen wir unvermeidlich auf das Thema Alkohol zurück. Ich erzählte ihm von einigen meiner Eskapaden, und er gab ebenfalls ein paar Geschichten zum Besten. Ich war wahrscheinlich beim sechsten oder siebten Brandy mit Soda, als wir bei unseren jeweiligen Kindheiten angelangt waren, die wir unter dem dunklen Schatten des Suffs verbracht hatten, wenn auch an entgegengesetzten Enden des Landes. Der Bruder war in redseliger Stimmung. Seine Frau und seine sechsjährige Tochter waren über das Wochenende zu irgendeinem »Little Miss«-Brimborium in Sacramento gefahren, und er hielt es in den vier Wänden seines Hauses – oder acht oder sechzehn oder wie viele es auch sein mochten – einfach nicht aus. Ich nahm einen Schluck und ließ ihn erzählen.

Er war drei Jahre älter als Jimmy. Sie hatten noch zwei Brüder und eine Schwester, allesamt jünger. In ihrer Kindheit waren sie oft umgezogen, aber in einem bestimmten Winter hatten sie auf dem Land gewohnt, in Dutchess County, an der Kreuzung von zwei Landstraßen. Dort gab es ein paar Ferienhäuser, die zu billigen Mietwohnungen umfunktioniert worden waren, eine Tankstelle mit zwei Zapfsäulen, wo man auch Milch, Brot und Cola in 0,3-Liter-

Flaschen kaufen konnte, und eine Raststätte namens »Pine-Top Tavern« mit fünf Barhockern, einer Jukebox und einer Grillplatte. Das Wetter wurde schlechter, ihr Vater war arbeitslos und noch einen Monat davon entfernt, sich endgültig davonzumachen, und beide Eltern verließen die Pine-Top Tavern nur, um zu duschen oder sich zu rasieren oder ein paar Dosen Hühnersuppe in einen Topf zu geben und eine Handvoll Reis und in Scheiben geschnittene Wiener Würstchen hineinzuwerfen, damit die Kinder etwas zu essen hatten. Jimmys Bruder hatte einen Husten, der nicht besser werden wollte, und seine kleine Schwester hatte sich bei dem Versuch, eine Dose Tomatensuppe aufzuwärmen, den Arm verbrannt. Ihr Bruder musste den Verband zweimal täglich wechseln und Salbe auf die Wunde streichen. Jimmy verbrachte die meiste Zeit in dem unkrautüberwucherten Garten hinter dem Haus, wo er einen Fußball möglichst senkrecht in die Luft trat und losrannte, um ihn zu fangen, bevor er die Erde berührte. Ihr Hund Gomer – benannt nach einer Figur in einer Fernsehserie – war am Weihnachtstag überfahren worden, als er die Straße hatte überqueren wollen. Ihr Vater machte einen der Säufer aus der Kneipe dafür verantwortlich, aber niemand unternahm etwas.

Es war kurz nach Weihnachten – oder vielleicht kurz nach Neujahr, denn die Schule hatte wieder begonnen –, als eine Kaltfront von der Hudson Bay nach Süden zog und es Stein und Bein fror, sodass es niemand länger als fünf Minuten draußen aushielt. Die Vögel drängten sich unter dem Dachvorsprung aneinander und wirkten erschöpft, die Eichhörnchen hockten wie Christbaumschmuck auf den kahlen Ästen. Die Kinder tranken heißen Tee mit viel Honig und dem öligen Rest des Bitter-Lemon-Sirups, den sie aus der Plastikflasche drückten, und warme Hände hatten sie nur, wenn sie den Becher hielten. Draußen knirschte der nackte Boden unter ihren Füßen, als wäre er mit Schnee überkrustet, und für ein paar Tage hatten die umfunktionierten Sommerhäuser kein Wasser, weil die Leitungen eingefroren waren. Obwohl Jimmys Bruder diesen hartnäckigen Husten hatte, musste er mit einer Schüssel über die Straße zum Teich gehen und das Eis aufhacken, um Wasser zu holen.

Er erinnerte sich an seinen Vater, der die dünnen, kraftlosen Arme auf die Theke stützte und den fleckigen khakifarbenen Parka aus seiner Zeit in Korea trug. Seine Haare standen in alle Richtungen ab, weil sie seit Tagen keinen Kamm gesehen hatten, und der Rauch seiner Zigarette trug zum Qualm in der dunklen, an eine Schmiede gemahnenden Kneipe bei. Und seine Mutter war die glücklichste Frau der Welt: Sie lachte über alles, sie lachte, bis alle Gläser geleert waren und das Licht gelöscht wurde, sie lachte, bis der Wirt mit dem Schmerbauch die Gäste zur Tür hinausschob und abschloss. Es war kalt. Der Heizofen brachte nichts, weniger als nichts, und Jimmys Bruder hätte sich in jenem Winter einen Orden als Feuermacher verdient, denn er durchstreifte den kahlen Wald immer wieder auf der Suche nach herabgefallenen Ästen, morschen Baumstämmen und alten Zaunpfosten und sammelte alles, was brannte. Es gelang ihm, Tag und Nacht wenigstens ein winziges Feuer in Gang zu halten. Und dann stand er eines Morgens auf, um zur Schule zu gehen, und entdeckte eine alte Frau – oder jedenfalls eine Frau, so alt wie seine Mutter –, die schnarchend auf dem Sofa vor dem Kamin lag, wo sonst der Hund geschlafen hatte. Er ging ins Zimmer seiner Eltern und rüttelte seine Mutter wach. »Auf dem Sofa liegt jemand und schläft«, sagte er und sah, wie sie ihre Gesichtszüge zusammensuchte und sich dem neuen Tag stellte. Er musste es zweimal wiederholen. Der Geruch ihrer Wärme und der Wärme seines Vaters neben ihr stieg zu ihm auf – es war das ekelhaft süßliche Aroma von Sex und Schwäche –, und dann bewegte sie die aufgesprungenen Lippen und murmelte: »Ach, das ist nur Grace. Du kennst doch Grace? Aus der Kneipe? Ihr Wagen ist nicht angesprungen. Sei ein braver Junge und weck sie nicht auf, ja?«

Er weckte sie nicht. Er weckte seine Brüder und seine Schwester, drängte sich mit ihnen im Dunkeln an der Bushaltestelle zusammen und trat von einem Fuß auf den anderen, um sich warm zu halten. Er stellte sich vor, er sei ein Teilnehmer von Amundsens Nordpolexpedition: Die Schlittenhunde heulten die Sterne an, und unter ihren wunden, blutenden Pfoten verschoben sich die Eisschollen wie Dominosteine. Als er aus der Schule nach Hause kam, stand ein Topf auf dem Herd, und darin war ein fleischfarbener Eintopf, der nach Gewürzen roch, die seine Mutter nie verwendete: Muskat, Nelken, Fenchel. Er dachte an Grace mit ihren wirren, von

Grau durchzogenen schwarzen Haaren und dem Gesicht, das aussah wie ein vertrocknetes, kreuz und quer gepflügtes Feld. Er probierte den Eintopf – alle probierten ihn, um zu sehen, ob er essbar war –, und irgendwie schaffte es das Zeug, nach Grace zu schmecken. Allerdings: Wer, wenn nicht ein Kannibale, konnte wissen, wie Grace schmeckte?

Seine Eltern waren nicht zu Hause. Sie waren hundert Meter entfernt in der Kneipe, mit Grace und dem Rest ihrer wunderbaren Freunde. Ein paar entmutigte Schneeflocken schwebten vom Himmel herab. Er machte sich ein Brot mit Erdnussbutter und Bananenscheiben und ging hinüber in die Kneipe, um zu sehen, ob seine Eltern oder jemand sonst in jener Phase überschwänglicher Betrunkenheit war, in der sie Kleingeld verschenkten, als wären sie Philanthropen, die in einem offenen Rolls-Royce die Park Avenue hinunterfuhren. Einer der Gäste, ein jovialer Bursche, jünger als die anderen, mit Galoschen, von denen die Schnallen abgerissen waren, schenkte ihm ein 50-Cent-Stück, und dann sagte sein Vater, er solle machen, dass er verschwinde, und erst wiederkommen, wenn er volljährig sei, sonst werde er ihn ordentlich vertrimmen.

Der nächste Morgen war noch kälter, und Jimmys Bruder erwachte früh. Er zitterte trotz der ranzigen Wärme, die seine drei Brüder verströmten, und trotz des billigen Schlafsacks, der laut Werbung bis minus zwanzig Grad mollig warm hielt, aber ebenso gut aus Zeitungsfetzen hätte bestehen können. Er stellte den Wasserkessel auf, damit sie sich mit heißem Tee und Haferbrei stärken konnten, bevor sie sich in den

Wind stellten und auf den Schulbus warteten, der irgendwann den Hügel hinunterwanken würde, die Scheinwerfer abgeblendet, sodass sie wie rudimentäre Augen wirkten, der Fahrer hinter der schwarzen Windschutzscheibe ein blinder Höhlenfisch, der menschliche Gestalt angenommen hatte. Das Haus war dunkel, nur die Deckenlampe in der Küche brannte. Kein Laut war zu hören, alles war still – seine Eltern, seine Brüder, seine Schwester –, alle waren im Schlaf eingeschlossen wie in einen Märchenzauber, und ihm fehlte Gomer, und sei es nur, um zu sehen, wie der Hund gähnte und sich streckte und mit der Nase seinen Napf hin und her schob. Das Wasser kochte, und er hängte tatsächlich drei Beutel in die Kanne und brühte den Tee auf, bevor er merkte, dass irgendetwas nicht stimmte. Aber was? Er lauschte angestrengt, aber es war nichts zu hören. Nicht mal das Ticken im Herd oder das Knacken und Ächzen des Hauses in der Kälte, nicht mal ein Vogel oder das Summen von Reifen auf der Straße. Erst da dachte er daran, auf die Uhr zu sehen.

Der Herd hatte eine eingebaute Uhr – kurze, mit Goldfarbe bemalte Zeiger hinter einer fettverschmierten Plastikscheibe. Es war kurz nach halb vier. Jimmys Bruder hätte sich vor Wut in den Boden stampfen können. Er saß zitternd in der Küche, trank eine Tasse Tee und wünschte, es würde schneien, damit die Schule ausfiel und er den ganzen Tag schlafen könnte. Nach einer Weile beschloss er, im Wohnzimmerofen Feuer zu machen, sich auf das Sofa zu setzen und sich mit *Dracula* zu gruseln – er hatte das Buch erst halb gelesen, obwohl er schon an

Halloween damit begonnen hatte –, und vielleicht würde er noch ein bisschen einnicken, bis es Zeit zum Aufstehen war. Er zog seine Jacke an und ging zur Hintertür – Jimmy und er hatten am Wochenende etwas Abfallholz im Schuppen gestapelt.

Aber dann – ich ahnte es bereits, denn man musste schon selbst so blind wie ein Höhlenfisch sein, um nicht zu sehen, wohin diese Geschichte führte – merkte er, dass die Außentür sich nicht öffnen ließ. Irgendetwas lag davor, ein dunkler unbeweglicher Schatten, und er musste sich mit seinem ganzen Gewicht gegen die Tür stemmen, um sie einen Spaltbreit aufzuschieben, sodass er sich hindurchzwängen konnte. Als er endlich in der Kälte stand und ihr feindlicher, tödlicher Atem ihm ins Gesicht wehte, zwang er den Schatten zu seinen Füßen mit reiner Willenskraft, Gestalt anzunehmen, bis er einen Menschen mit ausgetrockneter Haut, starren Augen und einem Schopf schwarzer, von Grau durchzogener Haare erkennen konnte.

»Grace?«, sagte ich.

Jimmys Bruder nickte.

»Du liebe Zeit«, sagte ich. »Und Jimmy? Hat er sie auch dort liegen sehen?«

Er zuckte die Schultern. »Ich weiß nicht. Ich kann mich nicht erinnern. Sie war bloß eine Säuferin, bloß irgendeine Säuferin.«

Wir saßen einen Augenblick lang da und sahen über unsere Drinks hinweg auf den Yachthafen und die ununterbrochene schwarze Fläche des Meers. Ich verspürte den Impuls, mich ihm zu öffnen, ihm meine Geschichte – oder wenigstens eine meiner Geschichten – zu erzählen, als würden wir uns bei einer Gruppensitzung der Anonymen Alkoholiker die Hände schütteln, aber ich tat es nicht. Ich schnalzte mit der Zunge, um mein Mitgefühl und Verständnis zum Ausdruck zu bringen, warf ein paar Geldscheine auf die Theke, ging zur Tür und holte meinen Schlüsselbund hervor. Ich sagte ihm nicht – vielleicht wusste er es ohnehin –, dass Jimmy die Krematoriumsschachtel mit der Asche seines Sohnes im Krankenhaus in Empfang genommen und in den Kofferraum seines Chevrolet Suburban gestellt hatte, dass er nach Hause gefahren war, wo seine Frau steif und vollgepumpt mit Beruhigungsmitteln im großen Doppelbett im ersten Stock gelegen hatte, und dass er die Schachtel die ganze Nacht hindurch an die Brust gedrückt hatte. Ich sagte ihm nicht, dass das Leben ein einziger Kampf gegen die Schwäche ist, der nicht im Kopf oder mit dem Willen ausgefochten wird, sondern in den Zellen, in den Enzymen, in der DNA, die mit ihrem Schlüssel in den Mechanismus unserer Persönlichkeit eingreift. Und ich sagte ihm nicht, dass ich ebenfalls einen Sohn hatte, genau wie Jimmy, auch wenn ich ihn nicht so oft sah, wie ich es mir wünschte, jetzt jedenfalls nicht mehr.

Tatsache war, dass ich keinen Sohn gewollt hatte. Ich hatte ihn nicht geplant, ich hatte nicht um ihn gebeten, nicht dafür gebetet, ihn zu bekommen, nicht auf ihn gehofft. Ich hatte ihn mir nicht einmal vorgestellt. Ich war damals vierundzwanzig. Meine Frau wurde schwanger, und ich schrie und wütete.

Lass es wegmachen, du ruinierst mein Leben, wir können uns kein Kind leisten, du bist verrückt, lass es wegmachen, lass es wegmachen. Sie ruhte ganz in sich, sie hatte ein Engelsgesicht und einen unbeugsamen Willen, und meine Stimme war ein Geräusch, das sie gar nicht wahrnahm. Sie besuchte Geburtsvorbereitungskurse, hörte auf zu trinken, hörte auf zu rauchen, machte ihre Übungen, las alle möglichen Bücher. Mein Sohn kam im Kaiser Hospital in Panorama City zur Welt, achteinhalb Pfund schwer, kerngesund und auf seine Art schön, und ich war sein Vater, auch wenn ich nicht bereit dafür war. Er war neun Monate alt, als einer meiner Saufkumpane – nennen wir ihn Chris, warum nicht? – für ein Wochenende vorbeikam und wir auf Tour gingen. Meine Frau fand sich damit ab und machte sogar ein bisschen mit, und bevor sie am Montagmorgen zur Arbeit musste, luden Chris und ich sie zum Frühstück ein.

Der Tag war wie ein Hammer auf einem Amboss, und alle sichtbaren Dinge strahlten, als wären sie von innen beleuchtet. Wir waren bis vier Uhr auf gewesen, und jetzt war es sieben, und während wir auf einen Tisch warteten, gingen Chris und ich auf die Herrentoilette und tranken abwechselnd aus der Halbliterflasche Smirnoff, mit der wir unseren frisch gepressten Orangensaft aufmöbeln wollten. Wir waren also ziemlich gut drauf, als wir die Waffeln auf den Tellern hin und her schoben, und meine Frau lächelte und scherzte, und das Baby reckte seine Arme und grabschte in bester Babylaune nach allem Möglichen. Dann frischte meine Frau ihr Make-up auf und verließ uns, und sogleich veränderte sich die Stimmung: Da war dieses Baby, mein Sohn, mit seinen vielfältigen Bedürfnissen, seinen Windeln, seinem Buggy und dem ganzen Rest, und ich war dafür zuständig.

Schließlich beschlossen wir, an den Strand zu gehen, um ein bisschen in der Sonne zu sein, Frisbee zu spielen und im weichen Sand zu liegen, vom langen, leise köchelnden Morgen bis zum Nachmittag und dem Barbecue, das ich zum Abschied von Chris veranstalten wollte. Der Strand war leer, eine straff gespannte Leinwand mit Möwen, Pelikanen und leise schnappenden blauen Wellen, und sobald wir aus dem Wagen stiegen, hatte ich das Gefühl, dass alles wieder in Ordnung war. Mein Sohn trug nichts als seine Windel, und Chris und ich lachten über irgendetwas und ich warf meinen Sohn in die Luft, ein Spiel, das wir spielten, und er liebte es und schrie und jauchzte ekstatisch. Wieder und wieder warf ich ihn in die Luft, und dann warf ich ihn zu Chris, und er warf ihn zurück. Und da verlor ich das Gleichgewicht, und der schwarze, vom Meer glatt geschliffene Schnabel eines halb unter dem Sand begrabenen Felsens ragte auf, und in diesem Augenblick sah ich meine Zukunft: Ich würde meinen Sohn fallen lassen, ich würde ihn in einer Sekunde der Verirrung durch meine Hände rutschen lassen, und er würde irreparablen Schaden nehmen.

Doch so geschah es nicht. Ich fing ihn auf und hielt ihn fest und ließ ihn nie mehr los.

Zu allem bereit

Mit seinem Blinddarm war alles in Ordnung – keine Stiche in der Seite, keine Entzündung, kein Schmerz –, aber Bayard ließ ihn sich herausnehmen. Zur Sicherheit. Er hatte einmal einen Artikel über eine Anthropologin gelesen, die nach Malaysia gefahren war, um das Sozialverhalten der Orang-Utans zu studieren, und eines grässlichen Todes gestorben war, als ihr, fünfhundert Kilometer vom nächsten Krankenhaus entfernt, der Blinddarm durchgebrochen war; die verzweifelten Affen hatten die sich im Todeskampf windende Frau halb einen Brotfruchtbaum hinaufgeschleppt, wo sie mehrere Tage später von einem Fotografen von ›Life‹ gefunden wurde. Das Bild – verrenkte Gliedmaßen, aufgequollenes Gesicht – war ihm unauslöschlich im Gedächtnis geblieben. Sie war unvorbereitet gewesen, diese Anthropologin, hatte den kleinen Details, die über unser Schicksal entscheiden können, nicht genügend Aufmerksamkeit gewidmet. Bayard würde es nicht darauf ankommen lassen.

Bei ihrer ersten Unterredung war der Chirurg skeptisch gewesen.

»Sie fahren nach Montana, Mr. Wemp, nicht nach Borneo. Es gibt Krankenhäuser dort, alle modernen Einrichtungen.«

»Er muss raus, Herr Doktor«, hatte Bayard ruhig

beharrt und dabei mit vollendeter Fassung vom Knoten seiner gefalteten Hände aufgeblickt.

»Hören Sie, Mr. Wemp. Ich muss Ihnen sagen, dass jeder chirurgische Eingriff, und sei er noch so alltäglich, mit Risiken verbunden ist« – der Arzt hielt kurz inne, damit sich diese Information setzen konnte –, »und ich bin wirklich der Meinung, dass in diesem Fall die Risiken die Vorteile überwiegen würden. Alle Tests sind negativ – wir haben keinerlei Anzeichen für ein potenzielles Problem aus dieser Richtung.«

»Aber Herr Doktor –« Bayard fand einfach nicht die richtigen Worte. Wie konnte er diesem ernsten, selbstsicheren Mann mit der braun gebrannten Ehefrau, dem Mercedes und dem Haus in Malibu erklären, dass ganz Los Angeles, San Francisco, New York – ja die Zivilisation als solche – sich am Rande einer Katastrophe befanden, die den Untergang des Römischen Reiches wie ein sonntagnachmittägliches Softballspiel würde erscheinen lassen? Wie ihm eine Ahnung vermitteln vom Grauen, das bevorstand, von den Entbehrungen, den Leiden? Er musste an Äsops Fabel von der Ameise und der Grille denken. Einige würden vorbereitet sein, andere nicht. »Sie machen sich einfach kein Bild davon, wie isoliert ich sein werde«, sagte er schließlich.

Isoliert, ja. Vierzehn Hektar in Bounceback, Montana, siebenunddreißig Einwohner. Die nächstgelegene Stadt mit einem Krankenhaus, einer Bank oder einem Restaurant war Missoula, zweieinhalb Stunden Autofahrt entfernt, davon eine Stunde auf einem holprigen Feldweg. Bayard würde seinen eigenen Brunnen haben, einen halben Hektar gerodetes Land für den Gemüseanbau, eine Vierzimmerhütte mit Holzofen, Stromgenerator und einem strahlensicheren Schutzbunker mit einem Fünfjahresvorrat an Konserven und gefriergetrockneten Lebensmitteln. Die ganze Sache war dem Gehirn Sam Arksons entsprungen, eines Immobilienhändlers, der sich auf subsistenzwirtschaftlich nutzbare Grundstücke, Luftschutzbunker und »Überlebensheime« spezialisiert hatte. Bayards Firma hatte etwas Öffentlichkeitsarbeit für eine von Arksons Gesellschaften – Thrive, Inc. – gemacht, und als Bayard sich in die Katastrophenliteratur vertieft hatte, war ihm die Ausrichtung seines eigenen Lebens mehr und mehr fragwürdig vorgekommen. *Erinnern Sie sich an die Erdölkrise?*, fragte eine von Arksons, Broschüren. *Ziemlich lästige Sache, nicht wahr? Die Habenichtse tanzen den Betuchten auf dem Kopf herum. Aber was ist mit der bevorstehenden Nahrungsmittelkrise? Haben Sie sich schon überlegt, was Sie tun werden, wenn eines Morgens die Supermärkte geschlossen bleiben und Schilder an den Türen erklären: »Lebensmittelvorräte leider vorübergehend erschöpft«?*

Bayard würde nie den Tag vergessen, an dem er auf diese Broschüre gestoßen war. Seine Handflächen hatten angefangen zu schwitzen, als er weiterlas und dabei die Auswirkungen eines Atomkrieges auf die Lebensmittel- und Wasserversorgung abschätzte, an ein Leben ohne Klopapier, Zahnpasta oder Gewürze dachte und sich Bilder von der unmittelbar bevorstehenden wirtschaftlichen Depression vor Augen führte, von den hungernden Massen, den dunkelhäutigen plündernden Horden, die sich von Süden her über unsere Grenzen ergossen, um mit ihren gierigen, verzweifelten Klauen zu nehmen, zu nehmen, zu nehmen. An dem Abend war er mit kaltem Schweiß bedeckt nach Hause gefahren, den Kopf angefüllt mit tanzenden Visionen der Apokalypse. Fran machte ihm einen Drink, aber er schmeckte nichts. Die Mädchen zeigten ihm ihre Schularbeiten – die süßen, naiven Kringel ihrer Schönschreibübungen, die blassen Aquarelle und Goldsterne –, und er fühlte, wie ihm die Tränen in die Augen schossen. Sie waren verurteilt, er war verurteilt, die Welt ging unter wie ein Stein. Nachdem sie zu Bett gegangen waren, schlich er sich hinaus in die Küche und öffnete leise den Kühlschrank. Darinnen fand er einen zerfließenden Kopf Salat, zwei Liter Milch, Mayonnaise, Senf, Chutney, ein Glas Kapern solch ehrwürdigen Alters, dass es ebenso gut aus einem Grab hätte zutage gefördert worden sein können, einen halben Liter Karamellflockeneiskrem und ein einzelnes Mexicali-Belle-TV-Dinner. Der Speiseschrank ergab zwei Dosen eingelegte chinesische Pilze, ein halbes Dutzend Packungen künstlichen Reispudding und eine vereinsamte Schachtel Yodo-Crunch-Getreideflocken, zu drei Vierteln leer. Ihm wurde übel. Von wegen längerer Belagerungszustand – sie hatten nicht einmal genug zum Frühstücken.

In dieser Nacht hatten seine Träume Tentakel. Er wachte mit dem Gefühl auf, erwürgt zu werden. Der Kaffee war giftig, die Zeitung voll versteckter Andeutungen, jeder Artikel, jeder Halbsatz verletzte ihn mit der scharfen Schneide des Verhängnisses. Ein mittelschweres Erdbeben war im Anzug, die Hügel standen in Flammen, in Hollywood gab's Mord und Totschlag, Aids griff auf die heterosexuelle Bevölkerung über, Gaddafi hatte die Bombe. Draußen staute sich der Verkehr. Drei Millionen Autos krochen, spuckten, töteten die Atmosphäre, schoben sich zentimeterweise zur nahtlosen Blechlawine zusammen. Die Gesichter der Fahrer waren ausdruckslos. Schalten, Ruck, vorwärts, stop, schalten, Ruck. Wussten sie nicht, dass die ganze Welt hohl geworden war, verfault wie ein Zahn? Wussten sie nicht, dass sie tot waren? Er blickte ihnen in die Augen und sah leere Höhlen, schaute ihnen ins Gesicht und sah einen Totenkopf. Am Arbeitsplatz war es auch nicht besser. Die Sekretärinnen begrüßten ihn so, als ob Geld eine Rolle spielte, als ob es Zeit zu atmen gäbe, zum Lunch nach Chan Dara rauszufahren und sich im Xeroxzimmer den Busen begrapschen zu lassen; seine Kollegen, so ausdruckslosglatt wie Billardkugeln, schwatzten von Baseball, Aktien, Videorekordern und Küchenmaschinen daher. Er torkelte den Korridor entlang, als hätte er einen Tritt in die Weichteile bekommen, stürzte in das Refugium seines Büros wie ein gehetztes Wild. Und dort, auf seinem Schreibtisch, erwartete ihn, wie der ausgestreckte Knochenfinger des Sensenmanns persönlich, Arksons Broschüre.

An diesem Nachmittag um halb drei hockte er auf einem Stuhl in Sam Arksons Büro in San Diego und erörterte knallhart Überlebensstrategien mit dem

Impresario höchstpersönlich. Arkson saß an einem Schreibtisch von der Größe eines Trampolins und sah abwechselnd jugendlich und rissig vor Alter aus – er konnte von fünfunddreißig bis sechzig so ziemlich alles sein. Aggressiv gebräunt und gewissenhaft muskelbepackt, mit so kurz geschorenem Haar, dass es ebenso gut auf die Kopfhaut hätte gemalt sein können, sah er am ehesten aus wie ein professioneller Fitnesslagerkommandant, Vic Tanny im Kampf gegen den Rettungsring, Jack La Lanne mit Irokesenschnitt. Er trug einen Drillich-Arbeitsanzug und einen Khakischlips. »Also«, sagte er, indem er sich in seinem Stuhl zurücklehnte und Bayard mit einem durchdringenden, unerbittlichen Blick abschätzend musterte, »sind Sie wirklich zu allem bereit oder brauchen Sie einfach nur was zur Beruhigung Ihres Gewissens?«

Bayard war sich peinlich seines Bauchs bewusst, der Blässe seiner Haut, des Haars, das ihm in weichen, frivolen Löckchen über den Nacken fiel. Er fühlte sich wie ein grüner Rekrut unter den lodernden Augen des Ausbilders, wie ein ungeschickter Tänzer, der sich an der falschen Rolle versuchte. Er hustete in die Faust. »Zu allem bereit.«

Arkson schien erfreut zu sein. »Gut«, sagte er, wobei der Anflug eines Lächelns über seine Lippen huschte. »Ich hatte zuerst gedacht, Sie wären einer von diesen Weder-hü-noch-hott-Typen, die einen Schutzbunker unter der Grillterrasse wollen oder was in der Art.« Er warf Bayard einen wissenden Blick zu. »Die halten da vielleicht ein, zwei Monate nach dem Knall durch«, sagte er, »aber was dann?

Und was, wenn uns kein Krieg bevorsteht, sondern der weltweite wirtschaftliche Zusammenbruch? Werden die dann ihre Strahlendetektoren aufessen?«

Das war ein Scherz. Bayard lachte nervös. Arkson unterbrach ihn mit einem verächtlichen Schnaublaut und einer Handbewegung, die alle furchtsamen, schludrigen Weder-hü-noch-hott-Heinis dieser Erde einem vorzeitigen Grab überantwortete. »Nein«, sagte er, »ich sehe jetzt, dass Sie was Echtes sind, ein Hundertprozentiger, kein Pfuscher.« Er hielt inne. »Sie sind ein ernsthafter Mensch, Bayard, habe ich recht?«

Bayard nickte.

»Und Sie haben eine Familie, die Sie beschützen wollen?«

Bayard nickte noch mal.

»Okay« – Arkson war aufgestanden, hatte jetzt einen Stoß Broschüren in der Hand –, »wir werden uns über einen geheimen Standort unterhalten müssen, mit dem nötigen Platz, Saatgut, Dünger und Werkzeug, um Nahrungsmittel anzubauen, und der Möglichkeit, welche zu erjagen, und wir werden uns über einen erneuerbaren Fünfjahresvorrat an Überlebensrationen, über Arzneimittel und Hartgeld unterhalten – und natürlich über Waffen.«

»Waffen?«

Arkson hatte ihn angeschaut, als habe er sich gerade eine Tüte über den Kopf gestülpt. »Sagen Sie mal«, sagte er, indem er die Arme verschränkte, sodass die Bizepse unter seinen geballten Fäusten anschwollen: »Wenn der große Krach kommt und Sie sitzen auf der einzigen Lebensmittelquelle in der

Gegend, dann glauben Sie doch wohl nicht im Ernst, dass Ihre Nachbarn lediglich auf eine Tasse Tee und ein paar höfliche Plaudereien vorbeischauen werden, oder?«

Obwohl Bayard in seinem ganzen Leben noch nie eine Feuerwaffe in der Hand gehabt hatte, wusste er die Antwort: Auf der Erde wütete eine Seuche, und er würde hart werden müssen, um mit ihr fertig zu werden.

Plötzlich hatte Arkson einen Zeigefinger zur Decke gestreckt, als riefe er eine höhere Instanz zu seiner Unterstützung auf. »Wissen Sie, was ich da oben auf dem Dach habe?«, fragte er, über Bayard dräuend wie ein Inquisitor. Bayard hatte nicht die blasseste Ahnung.

»Einen Brantly B2B.«

Bayard sah ihn verständnislos an.

»Einen Hubschrauber. Quirl. Sie wissen schon: Aufski-abski. Und raten Sie mal, wer den fliegt?« Arkson breitete die Broschüren vor ihm auf dem Schreibtisch aus und tippte mit dem Zeigefinger auf das Hochglanzfoto eines Helikopters, der unter der Überschrift FLUCHTZEUGE in einem wolkenlosen blauen Himmel schwebte. »Richtig, mein Freund: ich. Ich fliege ihn. Überlass nichts dem Zufall, das ist mein Motto.« Bayard blätterte die Broschüre durch, sah Minijets, Hovercrafts, Cessnas, Wasser- und Ultraleichtflugzeuge.

»Ich kann in zehn Minuten aus der Stadt sein. Eine halbe Stunde später bin ich auf meinem Grundstück – zweihundert Morgen, umzäunt, drei Wachleute, Ziegen, Kühe, Hühner, Schweine, Mais, mannshoch, Weizen, Gerste, Roggen, artesische Brunnen, unterirdische Benzin- und Wassertanks – und ein Waffenarsenal, das die PLO wegpusten könnte. Glauben Sie mir«, sagte er, und seine Augen waren wie die einer Katze auf der Lauer, »wenn die Scheiße erst richtig losgeht, werden die da draußen sich gegenseitig auffressen.«

Bayard war beeindruckt. Er war auch entsetzt, ganz krank vom Bewusstsein seiner eigenen Ohnmacht und Verwundbarkeit. Das Schwert schwebte über ihnen. Es konnte heute, heute Nacht, morgen herunterfallen. Sie mussten hier raus. »Fran«, rief er, als er, die Arme vollbeladen mit Hochglanzbroschüren, furchterregenden Faltblättern und einem Sortiment von Überlebenswälzern der Arkson Publications Ltd., durch die Haustür stürzte. »Fran!«

Fran war schon immer nervös gewesen – neurotisch, genau genommen –, und diese Art reiner, unverfälschter Paranoia, die Bayard so plötzlich erfasst hatte, war bei ihr der Normalzustand. Trotzdem würde es einiger Überredungskünste bedürfen – schließlich und endlich plante er, sie alle aus ihrem gewohnten Leben herauszureißen –, und es würde Bayards Aufgabe sein, diese Paranoia zu bündeln und auf das anstehende Problem zu konzentrieren. Sie kam in einem zeltartigen Badeanzug aus der Glasveranda, eine füllige, kompakte, unhübsche Frau Ende dreißig mit Kindern im Schlepp. Sie sah ihn fragend an, während die Mädchen, »Daddy, Daddy« skandierend, um seine Beine herum schäumten. »Wir müssen miteinander reden«, war alles, was er herausbrachte.

Später, als die Kinder zu Bett gebracht worden waren, startete er seine Kampagne. »Wir sitzen auf einem Pulverfass«, sagte er, während sie, über den Geschirrspüler gebeugt, Teller stapelte. Sie sah auf, durch die viereckigen Gläser ihrer Brille blinzelnd wie ein Froschmann, der zum Luftholen auftaucht. »Wie bitte?«

»L. A., die ganze Westküste. Das ist das erste Ziel, das die Russen angreifen werden – wenn uns nicht das Erdbeben vorher in den Ozean befördert. Oder die Banken Pleite machen. Das mit den Bausparkassen hast du doch gelesen, oder?«

Sie sah erschrocken aus. Andererseits erschrak sie leicht. Als Kind chronisch überbehütet, in eine Konfessionsschule gesteckt, die nach den Grundsätzen eines mittelalterlichen Nonnenklosters geführt wurde, und dann einem katholischen Mädchencollege anvertraut, das die Schule nachträglich liberal erscheinen ließ, glaubte sie aus ganzem Herzen an die Käuflichkeit des Menschen und die Perfidie und Verdorbenheit der Welt. In den seltenen Fällen, da sie das Haus verließ, klammerte sie sich an ihre Handtasche wie ein Footballspieler, der durch die gegnerischen Linien stürmt, sah in jedem Passanten – einschließlich weißhaariger Großmütter – einen potenziellen Straßenräuber und machte um Asiaten, Latinos, Pakistaner und Iraner einen Bogen, als seien sie die Horden des Dschingis Khan. »Wovon in Gottes Namen redest du?«, fragte sie.

»Ich rede von Montana.«

»Montana?«

An diesem Punkt hatte Bayard einfach seine Kollektion von Weltuntergangswerken geholt und auf dem Küchentisch ausgebreitet. »Lies«, hatte er gesagt, wohl wissend, dass die Bücher und Broschüren weit wortgewaltiger sprechen konnten als er. Am nächsten Morgen hatte er sie noch immer über den Tisch gebeugt vorgefunden, einen vollen Aschenbecher neben sich, eine Nummer der ›Untergangs-Postille‹ in der Hand, während ›Panik auf den Straßen‹ und ›Töten leicht gemacht‹, Band I–IV, mit dem Gesicht nach unten neben einer dampfenden Kaffeekanne lagen. »Aber was wird aus den Mädchen?«, sagte sie. »Was wird aus der Schule, den Ballettstunden, dem Tennis, dem Schwimmen?«

Melissa war neun, Marcia sieben. Der Umzug ins hinterwäldlerische Landesinnere würde sich störend, vielleicht sogar traumatisch auf ihre Entwicklung auswirken – Bayard bestritt das nicht –, aber dasselbe galt schließlich auch für den nuklearen Holocaust. »Ballettstunden?«, echote er. »Was glaubst du wohl, was Ballettstunden für einen Nutzen haben werden, wenn Wahnsinnige uns die Tür einrennen?« Und dann, sanfter: »Schau, Fran, es wird für uns alle schwer werden, aber ich sehe einfach nicht, wie wir hier bleiben könnten, jetzt, wo uns die Augen geöffnet worden sind – es ist, als säße man am Rand eines Vulkans oder so.«

Ihr Widerstand erlahmte mehr und mehr, er konnte es spüren. Als er vom Büro nach Hause kam, saß sie in sich zusammengesunken auf dem Sofa, und ihre Augen hetzten über die vor ihr aufgeschlagene Seite wie verängstigte Tiere. Arkson hatte angerufen. Viermal. »Mrs. Wemp, Fran«, hatte er über den Draht gebrüllt, als stünden die Barbaren vor den Toren, »Sie müssen mir zuhören. Ich habe ein Grundstück für Sie. Niemand wird Sie dort finden. Sie werden ewig leben. Verkaufen Sie diese Todesfalle und ziehen Sie weg, bevor es zu spät ist!« Gegen Ende der Woche war sie einen ganzen Tag im Nachthemd geblieben. Bayard nutzte seinen Vorteil aus. Er schickte die Mädchen zum Babysitter und nahm sich im Büro frei, um sie mit Broschüren, Rhetorik und unwiderlegbaren Wahrheiten sowie mit Statistiken über absolut alles zu überschütten, von der steigenden Verbrechensrate bis hin zum nuklearen Humanvernichtungsquotienten. Als der Tag zur Neige ging und die letzten, erstickten Sonnenstrahlen den Smog zum Leuchten brachten, bis er wie Senfgas aussah, das über die Schützengräben heranwaberte, kapitulierte sie. Mit einer vor Entsetzen und Erschöpfung geschwächten Stimme rief sie ihn ins Schlafzimmer, wo sie reglos wie eine Leiche auf dem Bett lag. »In Ordnung«, krächzte sie. »Verschwinden wir.«

Nach Fran war der Chirurg kein Problem. Eine Viertelstunde lang hatte Bayard die Einwände des Arztes ruhig und unbeeindruckt über sich ergehen lassen. Schließlich beugte sich der Chirurg vor und spielte seine Trumpfkarte aus: »Ist Ihnen eigentlich klar, dass Ihre Krankenversicherung dafür nicht aufkommen wird, Mr. Wemp?«

Bayard hatte gelächelt. »Kein Problem«, sagte er. »Ich zahle in bar.«

Zwei Monate später wiesen er und Fran identische Narben am Unterleib auf, trugen neue Flanellhemden und Daunenwesten, redeten kenntnisreich über Samenansatz, Kunstdünger und Unkrautvertilgungsmittel und residierten in den entlegenen rauen Gefilden des glorreichen Goldstaates, gut sechshundert Kilometer vom Kernpunkt des nächstgelegenen wahrscheinlichen Schauplatzes einer atomaren Katastrophe entfernt. Die Hütte war ein ganzes Stück kleiner als alles, woran sie gewöhnt waren, aber schließlich waren sie nur an Luxuswohnungen gewöhnt, und die Hütte opferte jeden Luxus – ja sogar fast jeden Komfort – zugunsten der Nützlichkeit. Ihre Außenseite simulierte eine Blockbauweise, um das Haus dem durchschnittlichen Plünderer wie eine einfache Trapperhütte erscheinen zu lassen, aber die Wände waren mit Stahlplatten von einer Dicke verstärkt, die einem Bazooka oder einer Panzerabwehrkanone standhalten würde. Im Keller, der einen Meter zwanzig dicke Betonwände und eine Bleiabschirmung hatte, befand sich die Speisekammer. Hermetisch versiegelte Kanister bedeckten, in Reihen bis an die Decke gestapelt, die rechte Wand, ein jeder von ihnen mit einer beruhigenden Haltbarkeitsdauer von zehn Jahren und mehr: Getreide, Wildreis, gekörnte pflanzliche Proteine, Joghurtpulver, Matze-Mehl, Schiffszwieback, Linsen, Kleie, Metamucil. An der gegenüberliegenden Wand befanden sich, säuberlich aufgestapelt, etikettiert und alphabetisiert, die gefriergetrockneten Hauptgerichte, angefangen mit Abbacchio alla cacciatora und Bœf bourguignonne, über Shrimp Creole und Truthahn Tetrazzini bis hin zu Ziti alla romana. Bayard schöpfte Trost aus ihren bloßen Namen, wie ein Novize aus den Namen der Heiligen Trost schöpfen mag: NUR FÜR DEN FALL's gefriergetrocknete Linguine mit weißer Muschelsoße, Tomatenkristalle von LAZARUS-KOST, eingemachte Trüffeln von GOURMETS VON MORGEN und Arksons eigene BUNKER-MICH-Produkte, große Kanister mit schlichten Etiketten, auf denen KETCHUP, SAUERKRAUT, WASCHPULVER, SCHWEINESCHMALZ zu lesen stand. Abends, wenn es im Haus so still war wie auf der anderen Seite des Mondes, verdrückte sich Bayard nach unten in den Schutzraum, zog die luftdicht schließende Tür hinter sich zu und verbrachte Stunden in Betrachtung der Menge, Mannigfaltigkeit und nutritiven Spannbreite seines Hortes. Er lehnte sich im Sessel zurück, sein Herzschlag verlangsamte sich, seine Atmung verflachte sich zu einem Hauch, und dann spürte er, wie der Frieden des Mutterschoßes über ihn kam. Dann erlebte er die Wonnen des Geizhalses, des Hamsterers, des Nüsse verbuddelnden Eichhörnchens, und er fühlte sich so frei von allen Sorgen, als wiegte er sich sanft in der dunklen amniotischen See, der er einst entsprungen war.

Natürlich ist solche Zufriedenheit nicht billig zu haben. Das ganze Paket – Land, Hütte, allradgetriebenes Fahrzeug, Waffen und Munition, Nahrungsmittel sowie Silberbarren, De-Beers-Diamanten und Kaurischnecken für den Tauschhandel – hatte fast eine halbe Million Dollar gekostet. Arkson, dessen unternehmerische Vielseitigkeit ihn mit Gulf & Western auf eine Stufe stellte, war imstande gewesen, alles zu liefern, restlos alles, bis hin zum Büchsenöffner in der Küchenschublade und dem wiederverwendbaren Klopapier in der Toilette. Es gab Strahlenschutzanzüge, Flanellhosen und Thermounterwäsche von Arkson Outfitters und Waffen – einschließlich zweier aus Afghanistan herausgeschmuggelter russischer AK 47 und eines israelischen Granatwerfers – von Arkson Munition. In der Einfahrt stand, von Arkson Motors, Einheimische und Importmodelle, geliefert, der in Norwegen hergestellte allradgetriebene Olfputt TC 17, der von Terpentinersatz bis zu Franzbranntwein alles schluckte, was gerade greifbar war, die Eigernordwand bei Glatteis hinauffahren und einen Pflug durch achstiefen Schlamm ziehen konnte. Die Bücherregale in der Hütte wurden in erster Linie von den Do-it-yourself-, Überlebens- und Selbsthilfewälzern beansprucht, auf die Arkson Publications spezialisiert war, doch einige Sonderausgaben ausgewählter Klassiker – ›Tagebuch aus dem Pestjahr‹, ›Hiroshima‹ und ›Erledigt in Paris und London‹ – fanden sich auch darunter. Arkson erstellte eine detaillierte Liste, zählte alles zusammen und legte Bayard und Fran im Büro in San Diego die Rechnung vor.

Fran war zu dem Zeitpunkt so aufgelöst, dass sie kaum einen Blick darauf warf. Fortwährend schaute sie sich nach der Tür um, als erwartete sie die ersten rasenden Marodeure, und dann sah sie kurz hinunter zu ihrer offenen Handtasche und der Beretta Kaliber 22, die Arkson ihr gerade überreicht hatte (»Mein Geschenk für Sie, Fran«, hatte er gesagt: »Lernen Sie, damit umzugehen.«) Auch Bayard war beunruhigt und nicht bei der Sache. Er versuchte, vernünftig auszusehen, versuchte, sich auf das Blatt Papier, das vor ihm lag, mit dem wissenden Blick zu konzentrieren, den man vor Kfz-Mechanikern aufsetzt, die einem die Rechnung für die Durchführung obskurer technischer Verrichtungen für einen Stundenlohn von hundertzwanzig Dollar vorlegen, aber er schaffte es nicht. Was spielte es schon für eine Rolle? Bis er sich in seiner Hütte häuslich eingerichtet hatte, war er wie ein Krebs ohne Schale. »Erscheint mir angemessen«, murmelte er.

Arkson war um den Schreibtisch herumgegangen, hatte sich vorne auf die Kante gesetzt und seine Hand genommen. »Keine Billigangebote fürs Überleben, Bayard«, sagte er, »keine Räumungsverkäufe. Wenn Sie finden, das sei ein gepfefferter Preis, dann betrachten Sie die Sache doch einmal andersherum: Welcher Preis wäre Ihnen für Ihr Leben zu hoch? Oder für das Leben Ihrer Frau und Ihrer Kinder?« Arkson verstummte und bedachte ihn mit einem heiligenmäßigen Blick, dem Blick des jungen Heilands, der über die Schwelle des Tempels tritt. »Seien Sie einfach dankbar dafür, dass Sie beide die finanziellen Möglichkeiten – und den Weitblick – besaßen, sich zu schützen.«

Bayard hatte auf die große geäderte, sonnengebräunte Hand, die die seine umklammerte, hinuntergeblickt und sie mechanisch geschüttelt. Er fühlte sich benommen. Die letzten paar Wochen waren die Hölle gewesen: Packen, Beaufsichtigen der Möbelträger und letzte Spritztouren zum Einkaufszentrum wegen solcher Dinge wie Faden, Heftpflaster und Zahnseide – gar nicht zu reden von der Qual des Hausverkaufs, der ständigen Erwartung von Frans Angstschüben und Panikausbrüchen und der Kündigung bei der Hooper-Munson Company, in die er vierzehn Jahre seines Lebens investiert und in der er es bis zum Verantwortlichen Direktor für die Umkehrung von negativem Unternehmensimage gebracht hatte. Ohne Arkson wäre das alles gar nicht möglich gewesen. Er hatte Fran beruhigt, die Kinder zur Schule gefahren, Möbelspediteure, Reinigungsfirmen und Tapezierer angerufen und sich dann mit der Unbeirrbarkeit eines Generals, der Truppen aufstellt, Bayards Vermögenswerte vorgenommen. Arkson Immobilien hatte die Eigentumswohnung auf den Markt gebracht und einen Käufer für das Sommerhaus in Big Bear gefunden, und Arkson, Arkson und Arkson, Börsenmakler, hatten Bayards Wertpapiere mit kaum signifikanten Verlusten abgestoßen. In Verbindung mit Frans Erbschaft und dem Geld, das Bayard für die Ausbildung der Mädchen auf die hohe Kante gelegt hatte, würde der dadurch erzielte Betrag zur Begleichung der von Thrive Incorporated ausgestellten Rechnung reichen plus einem kleinen Überschuss. Es ist am besten so, wurde Arkson nicht müde, ihm zu versichern, wirklich am besten so. Wenn Bayard Bedenken hatte, seinen Job aufzugeben und aus der Gesellschaft auszusteigen, so konnte er sie sich aus dem Kopf schlagen: Die Gesellschaft, wie er sie kannte, würde das laufende Jahr nicht überdauern. Und was das Geld anbelangte – nun, von jetzt an würden sie billig leben.

»Fran«, sagte Arkson, wobei er jetzt auch ihre

Hand ergriff und sie drei zu einer bedeutenden Gruppe verband, als sei er ein Erweckungsprediger, der sie zu den reinigenden Fluten geleitete. »Bayard ...« Er hielt abermals inne, von Rührung überwältigt. »Fühlt, welches Glück ihr habt.«

Jetzt, zwei Monate später, konnte Bayard auf der Vorderveranda seiner Hütte stehen, die einsame Weite seines Besitzes mit seinen knospenden Espen, amerikanischen Pappeln und leuchtenden Koniferen überblicken und Arksons Abschiedssegen beherzigen. Er fühlte sich wie ein Glückspilz. Oh, vielleicht konnte er jetzt bei näherer Überlegung erkennen, dass er von Arkson bei dem einen oder anderen Artikel ganz schön gerupft worden war und dass der apokalyptische Kaufmann ihm und Fran so lange mit Schreckensvisionen eingeheizt hatte, bis sie völlig in seiner Hand gewesen waren, aber er bereute nichts. Zum ersten Mal, seit er erwachsen war, fühlte sich Bayard sicher, wirklich sicher, und er beugte sich zufrieden über Axt oder Hacke, froh, dem Gomorrha der Großstadt entronnen zu sein. Fran für ihren Teil schien sich auch gut eingelebt zu haben. Die physischen Gegebenheiten außerhalb ihrer vier Wände hatten sie nie sonderlich interessiert, und so war es für sie in erster Linie darum gegangen, sich an neue Innenräume zu gewöhnen. Die Hauptsache war allerdings, dass sie jetzt entspannter wirkte. Vormittags führte sie die Mädchen durch ihr Erdkunde- oder Rechenpensum, danach las sie, nähte oder machte am frühen Nachmittag ein Nickerchen. Später ging sie auf dem Hof herum – etwas, was sie in Los Angeles selten getan hatte – oder arbeitete im

Blumengarten, den sie vor der Haustür angelegt hatte. Abends gab es das Fernsehen, dessen Signale vermittels der Satellitenschüssel, die Arkson in weiser Voraussicht dem Überlebenspaket beigefügt hatte, vom Himmel auf die Erde heruntergeholt wurden.

Das einzige Problem waren die Mädchen. Anfangs waren sie begeistert gewesen, hatten das Ganze als einen großen Spaß betrachtet, als Ferien in der Wildnis, aber als die Wochen verstrichen, wurden sie zunehmend verschlossener, in sich gekehrter und, wie Bayard argwöhnte, depressiver. Marcia vermisste Mrs. Sturdivant, ihre Klassenlehrerin; Melissa vermisste ihre beste Freundin Nicole, Disneyland, die Eiskremorgien bei Baskin and Robbins und den Strand, genau in dieser Reihenfolge. Bayard sah die blassen, traurigen Ovale ihrer Gesichter, eingerahmt von der Düsternis des hinteren Schlafzimmers, wo sie reglos über zweimal benutzte Malbücher gebeugt saßen, und er hatte das Gefühl, als triebe man ihm einen Pflock durch das Herz. »Mach dir keine Sorgen«, sagte Fran, »lass ihnen Zeit. Sie werden sich schon eingewöhnen.« Bayard hoffte das. Denn in die Stadt würden sie unter keinen Umständen je wieder zurückkehren.

Eines Nachmittags – es war Mitte Juni, schon heiß, eine leichte Brise spürte Staub auf und warf ihn auf die Motorhauben und Windschutzscheiben der am Straßenrand parkenden Autos – stand Bayard auf dem Parkplatz vor Chuck's Wagon im Zentrum von Bounceback und lud gerade Lebensmittel hinten in den Olfputt ein, als er die Augen hob und zwei Männer aus einem weißen Mercedes mit kalifornischem Kennzeichen aussteigen sah. Einer von ihnen war Arkson, in seinem Berufskaki und Schlips. Den anderen – lang und rotgesichtig, mager wie ein Flüchtling, in einem verblichenen grünen Overall und Arbeitsstiefeln – hatte Bayard noch niemals gesehen. Beide Männer streckten sich, und dann stemmte der Fremde die Hände in die Hüften und drehte sich langsam um dreihundertsechzig Grad, wobei sein starrer, ausdrucksloser Blick die Tankstelle, den Saloon, das Futtergeschäft und die fast menschenleeren Straßen in einer Weise aufnahm, als sei er hergekommen, um sie wegen Nichtbezahlung von Steuern zu beschlagnahmen. Bayard konnte kaum an sich halten. »Sam!«, rief er. »Sam Arkson!« Und dann war er auch schon losgegangen, durchmaß den Parkplatz mit sechs raumgreifenden Schritten, die Hand zum Gruß ausgestreckt.

Zuerst schien ihn Arkson überhaupt nicht zu erkennen. Er hatte den Fremden beim Arm genommen und zeigte wie ein Reiseleiter auf die Berge, als Bayard seinen Namen rief. Sich halb nach ihm umdrehend, wie nach einer unbedeutenden Störung, warf Arkson ihm einen gedankenverlorenen Blick zu, wandte sich dann wieder ab und sagte leise etwas zu seinem Begleiter. Da hatte ihn Bayard aber auch schon erreicht und schüttelte ihm energisch die Hand. »Schön, Sie zu sehen, Sam.«

Arkson schüttelte wie benommen zurück. »Gleichfalls«, murmelte er, Bayards Blick ausweichend.

Es entstand ein betretenes Schweigen. Arkson sah aus, als hätte er Verstopfung. Der Fremde – sein Gesicht war so rot, dass man meinen konnte, er habe einen Schlaganfall, einen akuten Sonnenbrand, einen in der Krone – funkelte Bayard an, als hätten sie soeben Beleidigungen ausgetauscht. Bayards Blick schweifte unbehaglich von den Augen des Fremden zur verschmutzten gelben Baskenmütze, die wie ein Käseomelett auf dessen Kopf lag, und dann wieder zurück zu Arkson. »Ich wollte Ihnen nur sagen, wie gut bei uns alles läuft, Sam«, stammelte er, »und … und Ihnen danken – ganz ehrlich, wirklich – für alles, was Sie für uns getan haben.«

Arkson blühte augenblicklich auf. Wenn er einen Moment zuvor wie ein Gefangener auf der Anklagebank ausgesehen hatte, zugleich schuldbewusst und auf der Hut, schien er jetzt wieder ganz der Alte zu sein. Er lächelte, senkte den Kopf und hielt die Handfläche hoch in einer Geste bescheiden abwehrenden Dankes. Dann trat er einen Schritt zurück, wobei er sich mit den Fingern über den stoppeligen Schädel strich, und stellte den ektomorphen Fremdling vor. »Rayfield Cullum«, sagte er, »Bayard Wemp.«

»Angenehm«, sagte Bayard, die Hand ausstreckend.

Die Hände des Fremden blieben in seinen Taschen. Er starrte Bayard für einen Moment aus seinen tief liegenden gelben Augen an, wandte dann den Kopf ab und spuckte auf die Erde. Bayards Hand fiel wie ein Stein herunter.

»Ich würde sagen, Sie beide haben etwas gemeinsam«, sagte Arkson geheimnisvoll. Und dann, sich vorbeugend und die Stimme senkend: »Rayfield und ich sind gerade dabei, die letzten Details wegen des Grundstücks neben dem Ihren perfekt zu machen. Er will diese Woche rein – morgen, wenn nicht eher.« Arkson lachte. Die Augen des Fremden hoben sich und bohrten sich in Bayards; sein Gesicht blieb ausdruckslos.

Bayard war völlig überrumpelt. »Grundstück?«, wiederholte er.

»Im Osten und Süden«, sagte Arkson nickend. »Sie werden Nachbarn sein. Ich habe noch ein Rentnerehepaar, das Ende des Monats von Saratoga Springs rüberkommt – sie kaufen dasselbe Paket wie Sie, direkt nördlich von Ihnen, an diesem kleinen See.«

»Paket?« Bayard traute seinen Ohren nicht. »Was ist das hier, Levittown, Montana, oder was?«

»Ha, ha, sehr witzig, Bayard.« Arkson hatte sein ernstes Gesicht aufgesetzt, Leben und Tod, die Welt ist ein Dschungel, La Lanne, der seine Zuschauer vor den Gefahren des Wohlstandsspecks warnt. »Wenn der große Krach kommt, Bayard«, sagte er, »könnten Sie mit diesen fünfunddreißig Morgen fünfzig Leute ernähren, bei dem vielen Wild in den Wäldern und der Fruchtbarkeit des Bodens. Das wissen Sie so gut wie ich.«

Jetzt sprach Cullum zum ersten Mal. Seine Stimme war ein hohes, nörgelndes Kratzen, wie atmosphärische Störungen. »Arkson«, sagte er, wobei er Nägel in die erste Silbe schlug, »ich hab nicht den ganzen Tag Zeit.«

In dem Moment kam Melissa, wie eine Maschine kichernd und mit zwei Eiskremtüten in den Händen, die sie wie Fackeln hoch über ihren Kopf hielt, von ihrer Schwester verfolgt, um die Hausecke geflitzt. Marcia kicherte nicht. Sie weinte verzweifelt, heulte, als habe man ihr das Herz herausgerissen, und zersäbelte die Luft mit einem Stock. »Melissa!«, rief Bayard, aber es war zu spät. Ihre mageren braunen Beine verhaspelten sich, und sie stürzte vornüber in Cullum hinein, der sich im selben Augenblick nach dem Tumult umsah. Turnschuhe knirschten auf Schotter, der harte Glanz der reglos am Himmel hängenden Sonne und dann das feuchte, fette, fäkale Geschmiere von Schokoladeneiskrem – vier Kugeln – auf dem Hosenboden von Cullums Overall. Cullums Knie knickten beim Zusammenprall ein, und er machte einen Satz zurück, als sei er von einer Schlange gebissen worden. »Gottverdammt!«, brüllte er, und Bayard konnte sehen, dass seine Hände zitterten. »GOTTVERDAMMT!«

Melissa lag der Länge nach im Dreck. Leidendes Gesicht, ein dünner roter Überzug auf ihrem aufgeschürften Knie. Bayard bückte sich schon unwirsch nach ihr, ärgerlich, eine Entschuldigung auf den Lippen, als Cullum einen Schritt nach vorn machte und sie zweimal in die Rippen trat. »Kleines Stück Scheiße«, zischte er mit vor Raserei entstelltem Gesicht, und dann hatte Arkson seine kräftigen Arme um ihn geschlungen und zog ihn zurück wie ein Wärter einen Kampfhund.

Melissas Lippen zuckten unter dem Schock, der erste erschütterte atemlose Aufschrei saß ihr in der

Kehle fest; Marcia stand weiß wie eine Wand hinter ihnen; Cullum spie Flüche aus und wand sich in Arksons Armen. Bayard hätte seine Tochter vom Boden aufheben und sie an sich drücken können, er hätte protestieren, Drohungen ausstoßen, die Faust nach diesem tollwütigen Hund mit der roten Visage schütteln können, aber er tat's nicht. Nein. Ehe er auch nur einen Gedanken fassen konnte, war er an Cullum dran und pflanzte mitten in dieses feuerfarbene Gesicht eine Faust wie einen Knochenknauf. Einmal, zweimal, gezielt auf die bösartigen kleinen Köteraugen und das fleischige Schmierbröckchen der Nase, Butter, Margarine, feuchter Lehm, irgendwas, was knackend nachgab, und dann ein Hieb, der von der Schläfe abglitt. Er fühlte, wie Cullums Arbeitsstiefel nach seinem Unterleib ausschlugen, als er, von seinem eigenen Schwung mitgerissen, nach vorn taumelte, und dann war plötzlich Arkson da, der ihn gegen den Mercedes drängte und ihm irgendwas ins Gesicht schrie. Plötzlich befreit, ging Cullum auf ihn los, mit schiefer Baskenmütze, grellem Blut in den Nasenlöchern, aber Arkson war zur Stelle, nagelte Bayard am Wagen fest und streckte einen Arm aus, um den dürren Mann beim Hemd zu packen. »Daddy!«, schrie Melissa, vor Schock und Schmerz zerbrochene Silben.

»Du Hurensohn!«, brüllte Bayard.

»Das reicht jetzt, aufhören, ihr beiden!« Arkson hielt sie wie zwei Kampfhähne auf Armeslänge auseinander. »Es ist nur ein Missverständnis, nichts weiter.«

Blutend, in seinem Overall zusammengeschrumpft wie eine verdorrte Schildkröte, starrte Cullum in Bayards Augen und senkte seine Stimme zu einem Zischen. »Ich leg dich um«, sagte er.

Fran war völlig entgeistert. »Ist er gefährlich?«, fragte sie, indem sie sich umdrehte und über den Rand ihrer Brille hinweg nach Bayard und den Mädchen schielte, die am Küchentisch saßen. Sie goss gerade Weinessig aus einem Fünfzehnliterkrug in eine Schüssel voll Gurkenstückchen. Unbeholfen. »Ich meine, das klingt ja so, als sei er aus einer Nervenklinik entlaufen oder was in der Art.«

Bayard zuckte die Achseln. Er konnte noch immer den metallenen Nach-Schock schmecken, den das Ereignis in seiner Kehle hinterlassen hatte. Ein Kampf. Er war in einen Kampf verwickelt worden. Obwohl er seit der Grundschule niemanden mehr im Zorn geschlagen hatte, nicht einmal kurz davor gewesen war, hatte er zum Schutz seiner Kinder instinktiv reagiert. Er nippte an seinem Drink und verspürte ein warmes Aufwallen von Befriedigung.

»Und das ist der Mann, der direkt neben uns wohnen wird?« Fran stellte die Schüssel neben eine Platte mit wiederbelebtem pfannengerührtem Gemüse und aufgetautem Tofu auf den Tisch. Die Mädchen starrten bedrückt an den Strohhalmen hinunter in ihre Gläser Trinkschokolade. »Nun?« Fran sah ihn forschend an, während sie sich ihm gegenüber hinsetzte. »Glaubst du, ich habe auch nur eine ruhige Minute mit dieser, dieser ... Gewalt und Gesetzlosigkeit direkt vor meiner Haustür? Sind wir dafür aus der Stadt weggezogen?«

Bayard spießte einen Würfel Tofu auf und steckte ihn sich in den Mund. »Es ist ja wohl nicht direkt vor unserer Haustür, Fran«, sagte er, mit der Gabel gestikulierend. »Außerdem werde ich schon mit ihm fertig, kein Problem.«

Eine Woche verging. Dann zwei. Bayard bekam weder Arkson noch Cullum wieder zu Gesicht, und seine Erinnerung an den Zwischenfall begann allmählich zu verblassen. Vielleicht hatte Cullum die Nase voll von der ganzen Sache und war woandershin gefahren – oder wieder in das Loch zurück, aus dem er gekrochen war. Und auch wenn er tatsächlich da hinzog, was machte es schon aus? Arkson hatte recht: Es gab so viel Land zwischen ihnen, dass sie sich nie wieder über den Weg zu laufen brauchten, geschweige denn sich die natürlichen Ressourcen streitig zu machen. Jedenfalls war Bayard viel zu beschäftigt, um sich darüber Sorgen zu machen. Vormittags war es Erdkunde für die zweite und Geschichte für die vierte Klasse, was bedeutete, sich die Hauptstädte der Einzelstaaten wieder einzuprägen und zu versuchen, die de Sotos, Coronados und Cabeza de Vacas auseinanderzuhalten. Nachmittags war er immer mit allerlei Verbesserungsarbeiten beschäftigt – konstruierte ein schiefes Spielhaus für die Kinder, zäunte seinen Gemüsegarten gegen das geheimnisvolle Agens ein, das alles, was er pflanzte, bis zu den Wurzeln abkaute, spaltete und stapelte Holz, versuchte aus der Bauanleitung für den vorgefertigten Aluminiumwerkzeugschuppen, den er aus dem Arkson-Outfitters-Katalog bestellt hatte, schlau zu werden. Jeden dritten Tag fuhr er nach Bounceback, um Lebensmittel einzukaufen (er und Fran hatten beschlossen, sich die Sache mit der Selbstversorgung für den Zeitpunkt aufzusparen, da die Gesellschaft zusammenbrechen und Subsistenzwirtschaft unabdingbar werden würde), und an den Wochenenden machte die Familie die lange Reise nach Missoula für ein Essen im Restaurant und einen Kinobesuch. Es war bei einer dieser Gelegenheiten, dass sie die Kaninchen kauften.

Bayard kam gerade aus dem Eisenwarenladen mit einer Schachtel Zweipennynägel, einem Satz Hohlsteckschlüssel und einer Metallsäge, als er auf der anderen Straßenseite Fran und die Mädchen sah, wie sie sich aneinandergedrängt über einen Mann beugten, der wie ein Teil des Bürgersteigs aussah. Der Mann war, wie Bayard bemerkte, als er über die Straße auf sie zuging, langhaarig, bärtig und schmutzig. Er hatte einen Sack aus Rupfen neben sich, und der Sack bewegte sich. »Hier, hier«, sagte der Mann, zu ihnen emporgrinsend, und dann steckte er eine Hand in den Sack und zog ein Kaninchen bei den Ohren hervor. Die Pfoten des Tieres waren mit Gummibändern zusammengebunden, sein Fell war rattenfarben. »Das hier heißt Duke«, sagte der Mann grinsend. »Er ist dressiert.«

Mit seinen langen Schnurrhaaren, langen Ohren und langen Beinen sah es eher wie ein neugeborenes Maultier als wie ein Kaninchen aus. Als der Mann es vor den Mädchen baumeln ließ, mit vergeblich ausschlagenden Pfoten und vor Entsetzen aufgerissenen Augen, erwartete Bayard fast, es würde einen Eselsschrei ausstoßen. »Gut zu futtern, Freund«, sagte der Mann mit einem verschmitzten Blick zu Bayard.

»Daddy«, keuchte Melissa, »dürfen wir ihn haben? Dürfen wir?«

Der Mann kniete auf dem Boden, wühlte im Sack herum. Einen Augenblick später zog er ein zweites Kaninchen hervor, ebenso schmächtig, braun und kränklich aussehend wie das Erste. »Das hier ist Lennie. Er ist auch dressiert.«

»Dürfen wir, Daddy?«, stimmte Marcia mit ein, an seinem Hosenbein ziehend.

Bayard sah Fran an. Die Mädchen hielten den Atem an. »Fünf Mäuse«, sagte der Mann.

Ein Stück weiter die Straße hinunter parkte der Olfputt, funkelnd wie ein gigantischer Toaströster. Zwei Frauen, ein Mann mit Cowboyhut und ein Junge in Melissas Alter standen herum und gafften ihn voll Staunen und Ehrfurcht an. Bayard klimperte mit dem Kleingeld in der Hosentasche, zögerte. »Für beide«, sagte der Mann.

Anfangs hatte das mit den Kaninchen wie eine gute Idee ausgesehen. Bayard war kein Psychologe, aber er konnte sich durchaus vorstellen, dass diese spindeldürren plattfüßigen Kleintiere, mit ihrer Vielzahl von Bedürfnissen, mit ihren zuckenden Nasen und dankbaren Mäulern, dazu beitragen würden, die Mädchen wieder aus ihrem Schneckenhaus hervorzulocken. Er hatte recht. Von dem Augenblick an, da sie die Kaninchen ins Auto geschafft, von ihren Fesseln befreit und sich an die magere Brust gedrückt hatten, derweil Fran sich über Zecken, Hasenpest und Rückfallfieber sorgte, waren die Mädchen ganz in ihnen aufgegangen. Sie fütterten sie mit Gras, Salat und den adretten Kügelchen des Kaninchenfutters, die so sehr den adretten Kügelchen ähnelten, die die Tiere ausschieden. Sie knuddelten, bürsteten und bekleideten sie. Sie halfen Bayard, zwei ineinandergehende Käfige aus Hühnerdraht zu basteln und suchten, die schmalen ernsten Gesichter noch schmaler vor Sorge über Wiesel, Füchse, Waschbären und Koyoten, den Baum aus, an dem sie aufgehängt werden sollten. Melissa verbrachte weniger Zeit damit, ihre Schwester zu quälen und die Abwesenheit ihrer Klassenkameradinnen zu beklagen; Marcia wirkte weniger verschlossen.

Was Bayard anging, so fand auch er die neuen Haustiere überaus reizend. Sie klopften freudig mit den Füßen, wenn er sich mit Salat oder Petersilie ihren Käfigen näherte, und während sie an seinen Fingern schnupperten, blickte er über seinen gerodeten Morgen Land hinweg zu den Bäumen dahinter und dachte, dass das nur der Anfang sei. Er würde Ziegen haben, Hühner, Schweine, vielleicht sogar eine Kuh oder ein Pferd. So wie er die Sache sah, war ein Haustier von heute Schlachtvieh von morgen. Hatten die Leute im Ersten Weltkrieg nicht Pferde gegessen? Maultiere, Ochsen, Hunde? Ganz zu schweigen von Kaninchen. Natürlich bildeten diese speziellen Kaninchen hier eine Ausnahme. Obwohl sie theoretisch in Notzeiten gehäutet, geschmort und gegessen werden sollten, obwohl sie eine Absicherung für harte Zeiten und einen lebenserhaltenden Vorrat an Proteinen darstellten, sah

Bayard in ihre ruhigen, feuchten Augen und wusste, dass er sich eher von Linsen ernähren würde.

Die folgende Woche führte Bayard die Familie nach Missoula zu einem Science-fiction-/Horrorfilm-Doppelprogramm (das ihn nur in seiner Überzeugung bestätigte, dass die Welt am Auseinanderbrechen war) und einem Mittagessen im örtlichen China-Restaurant aus. Sie kamen erst nach Einbruch der Dunkelheit wieder zu Hause an, und die Scheinwerfer des Olfputts strichen über den Hof und erfassten zwei winzige Gestalten, die wie Wäschestücke vom imitierten Balken hingen, der sich über die ganze Breite der vorderen Veranda erstreckte. Melissa sah sie als Erste. »Was ist das?«, fragte sie.

»Wo?«

»Dort, oben auf der Veranda.«

Bis Bayard sie gesehen hatte, war es zu spät. Fran hatte sie auch gesehen – zerzauste Ohren und schlaffe Pfoten, die kläglichen kleinen Kadaver, die sich langsam um ihre Nylonschlingen drehten –, und schlimmer noch, die Siebenjährige hatte sich schlaftrunken aufgerichtet und, bevor er die Scheinwerfer ausschalten konnte, eine kurze alptraumhafte Vision von ihnen gehabt. »Mein Gott«, flüsterte Fran. Sie blieben einen Moment da sitzen, in erstickender Finsternis, meilenweit kein Licht zu sehen. Dann fing Marcia an zu wimmern, und Melissa schrie seinen Namen, schrie in scharfem, anklagendem Ton, als ob er allein für alle Schmerzen und Perversionen der Welt verantwortlich sei.

Bayard spürte, dass ihm die Kräfte schwanden. Gebratener Reis mit Schweinefleisch und Entensoße zerrten mit teuflischer Beharrlichkeit an seinem Mageneingang, Fran hyperventilierte, und die Wehklagen der Mädchen steigerten sich von mitleiderregendem, verwirrtem Lämmer-blöken zum Geheul von Dämonen. Erschrocken, zornig, verständnislos saß er da in vollkommener Schwärze, während seine Hände auf dem Lenkrad zitterten. Als er endlich die Parkbeleuchtung einschaltete und die Tür aufstieß, packte Fran seinen Arm mit dem Griff einer Wahnsinnigen. »Geh nicht da raus«, zischte sie.

»Sei nicht albern«, sagte Bayard.

»Nein«, schluchzte sie, sich an ihm festkrallend, als sei sie am Ertrinken. Ihre Augen wüteten gegen ihn im trüben Licht, die Mädchen weinten und stöhnten, und dann drückte sie ihm etwas in die Hand, schwer, kalt, Instrument des Todes. »Nimm das.«

Als Bayard ins Zentrum von Bounceback einfuhr, parkten vor der T&T Cocktail Bar sechs oder sieben Pick-ups. Es war halb zwölf, immer noch heiß, und die einzige Straßenlaterne des Ortes glühte wie ein kurzsichtiges Auge. Als er über die Straße zum Telefon vor Chuck's Wagon ging, konnte Bayard mehrere schattenhafte Gestalten mit breitkrempigen Hüten ausmachen, die vor der Bar auf und ab gingen. Es lag ein Gemurmel körperloser Stimmen in der Luft, das nörglige Gewinsel einer Country-Geige, Sterne oben, unten die Leuchtpunkte von Zigaretten. Betrunkene, dachte er, an ihnen vorbeieilend. Wenn erst die Axt heruntersauste, würde ihr Leben keinen Pfifferling mehr wert sein.

Bayard stelzte zum Telefon, riss den Hörer von der Gabel und wählte wie ein Wilder die Nummer, die er auf eine Papierserviette gekritzelt hatte. Er war wütend, angespannt, heiß vor Empörung. Er hörte, wie das Telefon einmal, zweimal, dreimal klingelte, und fluchte leise vor sich hin. Das ging zu weit. Seine Frau war krank vor Angst, seine Kinder waren traumatisiert, und alles, wofür er gearbeitet hatte – Sicherheit, Selbstständigkeit, Seelenfrieden –, war bedroht. Er hatte um sein eigenes Haus wie ein Verbrecher herumschleichen müssen, hatte sich an einer Pistole festgeklammert, die er überhaupt nicht benutzen konnte, war vor seinem eigenen Schatten zusammengefahren. Jedes Gebüsch war ein Meuchelmörder, jeder dunklere Schatten ein kauernder Widersacher, die Bäume selbst wandten sich gegen ihn. Schließlich hatte er, während Fran und die Mädchen sich im abgeschlossenen Wagen aneinanderdrängten, Lennie und Duke heruntergeschnitten, die leblosen Körper in ein Handtuch eingewickelt und sie hinter dem Haus versteckt. Dann hatte Fran, mit einem Gesicht wie ein Sack Mehl, von ihm verlangt, dass er sämtliche Lampen einschaltete, bis das Haus wie ein Bühnenbild strahlte, und darauf bestanden, dass er die Wandschränke durchsuchte, mit dem Lauf der Pistole unter den Betten herumstocherte und die Küchenschränke aufriss, wie ein Drogenfahnder, der eine Dealerwohnung auf den Kopf stellt. Als er sich gegen diese letzte Vorsichtsmaßnahme gesträubt hatte – die Schränke hätten nichts verbergen können, was größer als ein Basset war – erinnerte sie ihn daran, dass man Charlie Manson unter der Küchenspüle gefunden hatte. »Okay«, sagte er, nachdem er den Keller durchsucht hatte, »es ist niemand da. Alles in Ordnung.«

»Es war dieser Wahnsinnige, nicht?«, flüsterte Fran, als befürchtete sie, jemand könnte mithören.

»Daddy«, rief Melissa, »wo ist Lennie und ... und Duke?« Das letzte Wort verklang in einer brüchigen Wehklage um die Toten, und Bayard spürte die Wut wie einen glühenden Metallklumpen in seinem Inneren.

»Ich weiß es nicht«, sagte er, indem er Melissa an sich drückte und ihre mageren, bebenden kleinen Schultern massierte. »Ich weiß es nicht.« Durch die offene Tür konnte er Marcia sehen, die im großen Sessel saß und an ihrem Daumen lutschte. Plötzlich wurde er sich der Pistole in seiner Hand bewusst. Er starrte für einen langen Augenblick auf sie hinunter und ließ sie dann, fast ohne Absicht, als sei sie ein Feuerzeug oder ein Nagelknipser, in seine Tasche gleiten.

Jetzt stand er draußen vor Chuck's Wagon, den Atem der Nacht an seinem Hals, den Telefonhörer ans Ohr gepresst. Vier Klingelzeichen, fünf, sechs. Plötzlich wurde abgenommen, und Arkson – seine Stimme war um einen Kern des Argwohns zusammengeschrumpft – meldete sich mit einem kurzen, vorsichtigen »Ja?«

»Sam? Ich bin's, Bayard.«

»Wer?«

»Bayard Wemp.«

Es folgte eine Pause. »Ach ja«, sagte Arkson endlich, »Bayard. Was kann ich für Sie tun? Brauchen Sie irgendwas?«

»Nein, ich wollte Sie nur fragen –«

»Weil ich weiß, dass es bei Ihnen mit der Ausrüstung für die Ernte, fürs Einmachen und all das knapp werden wird, und ich eine neue Serie von Räucheröfen habe, die Sie sich vielleicht ansehen möchten –«

»Sam!« Bayards Stimme war schrill geworden, und er hatte Mühe, sie unter Kontrolle zu halten. »Ich wollte Sie nur nach diesem Typen mit der Baskenmütze fragen, Sie wissen schon, der, mit dem Sie letzten Monat hier oben waren – Cullum?«

Es entstand eine weitere Pause. Bayard konnte sich seinen Mentor bildlich vorstellen: in einem feuerabweisenden Bademantel, bereit, sich in einem Bett aufs Ohr zu legen, das sich im Fall, dass eine zweite Sintflut über die Welt hereinbrach, während er im Schlaf lag, in ein Rettungsfloß verwandelte. »M-hm. Ja. Was ist mit ihm?«

»Also, hat er das Grundstück eigentlich dann gekauft? Ich meine, ist er jetzt hier oben?«

»Hören Sie, Bayard, finden Sie nicht, dass man die Vergangenheit ruhen lassen sollte, hm? Rayfield ist kein bisschen anders als Sie – außer vielleicht, dass er keine Kinder mag, das ist alles. Er ist ein Hundertprozentiger, Bayard, zu allem bereit, genau wie Sie. Ich bin sicher, dass er diesen kleinen Zwischenfall längst vergessen hat – und das sollten Sie auch tun.«

Bayard atmete langsam, tief durch. »Ich muss es wissen, Sam.«

»Die Menschen sind verschieden, Bayard.«

»Ich brauche keine weisen Sprüche, Sam. Nur

eine Information. Schauen Sie, ich kann morgen früh zum Grundbuchamt rausfahren, und dann bekomme ich, was ich will.«

Arkson seufzte. »Na gut«, sagte er endlich. »Ja. Er ist gestern eingezogen.«

Als Bayard sich vom Telefon abwandte, spürte er, wie sein Gesicht heiß wurde. Überleben. Es war ein Witz. Er besaß fünfunddreißig Morgen ungebändigten Wildwest-Urwald, und sein einziger Nachbar war ein Psychopath, der Kinder in den Bauch trat und wehrlose Tiere verstümmelte. Nun gut, er würde das nicht zulassen. Die Gesellschaft mochte auf den Zusammenbruch zusteuern, aber es gab noch immer so etwas wie Gesetze. Er würde den Sheriff anrufen, ihn vor den Richter bringen, ihn einsperren lassen.

Er hatte den halben Weg zu seinem Auto zurückgelegt, befand sich gerade auf Höhe der offenen Tür der T&T Bar, als er zu seiner Linken ein vertrautes Geräusch vernahm – er drehte sich um, da er das charakteristische hohe Geheul eines Olfputtmotors erkannt hatte. Am Straßenrand stand ein Olfputt-Pick-up, wie eine halbe MX-Rakete mit einem ihrem hinteren Ende aufgepfropften Hochbett anzusehen. Verblüfft blieb er stehen. Das war kein Ford, kein Chevy, kein Dodge. Olfputts waren in diesem Teil der Welt so selten wie indische Sänften – er selbst hatte noch nie einen gesehen, bevor Arkson ... Plötzlich begann er zu verstehen.

Die Tür flog auf. Cullums Gesicht war dunkel – violett wie ein Muttermal im spärlichen Licht. Der Motor drehte weiter, heulte auf und fiel dann in einen ruhigen Leerlauf zurück. Die Scheinwerfer schienen die Straße umklammert zu halten. »He, he«, sagte Cullum. »Mr. Rocky Marciano. Mr. Straßenkampf.«

Bayard nahm auf einmal Bewegungen in den Schatten um ihn herum wahr. Die Säufer, die Cowboys hatten sich schweigend versammelt und beobachteten ihn. Cullum stand fünf, sechs Meter von ihm entfernt; ein Gewehr baumelte an seiner Seite. Bayard kannte dieses Gewehr, ebenso wie er den Olfputt erkannt hatte. Russisches Fabrikat, dachte er, AK 47. Aus Afghanistan herausgeschmuggelt. Er spürte Frans kleine Pistole an seinem Oberschenkel, spürte ihr Gewicht wie eine Tasche voll Kleingeld. Seine Zähne waren gut, sein Herzschlag stark. Er hatte einen Fünfjahresvorrat an Lebensmitteln im Keller und eine Pistole in der Hosentasche. Cullum wartete.

Bayard machte einen Schritt nach vorn. Cullum spuckte auf die Erde und hob das Gewehr. Bayard hätte nach seiner Pistole greifen können, aber er wusste nicht einmal, wie man sie entsicherte, geschweige denn, wie man mit dem Ding zielte und schoss, und ihm wurde bewusst, dass er – selbst wenn er damit hätte umgehen können, selbst wenn er damit schon tausendmal auf Blechdosen, Flaschen, Steine und Ratten gefeuert hätte – die Waffe niemals benutzen würde, und mochten auch alle hungrigen Horden der Welt vor seiner Tür stehen.

Aber Cullum würde. O ja, Cullum würde. Cullum war zu allem bereit.

Chicxulub

Spät in der Nacht – eigentlich zu spät für eine Siebzehnjährige, um allein unterwegs zu sein, selbst in einer Stadt, die so sicher ist wie unsere – geht meine Tochter an der Straße entlang, und es regnet, zum ersten Mal seit Langem, die Straßen seifig von einem wässrigen Schmierfilm, sodass selbst eine Fahrerin im Vollbesitz ihrer geistigen Kräfte, die sich nicht nach zwei Apfel-Martinis und drei »Hitching Post« Pinot Noir ans Steuer ihres Wagens gesetzt hätte, Schwierigkeiten hätte, mit ihrem Fahrzeug nicht über den Bürgersteig, in den Graben, ins Gebüsch, ja, verdammt, über den Mittelstreifen zu rutschen ... Aber darum geht es eigentlich nicht, noch nicht jedenfalls.

Haben Sie schon mal von Tungusien gehört? In Russland?

Dort ist vor beinahe hundert Jahren der letzte große Meteor, von dem wir wissen, auf die Erde gestürzt. Um genau zu sein: Dieser Meteor mit einem geschätzten Durchmesser von sechzig Metern ist nie aufgeschlagen. Die Wucht seines Eintritts in die Erdatmosphäre, der Druck und die gewaltige Erhitzung der Luft ließen ihn in etwa achttausend Meter Höhe explodieren – wobei das Wort »explodieren« dem Ereignis kaum gerecht wird. Es war eine Explosion – ein Lichtblitz, eine Detonation –, die achthundert Hiroshima-Bomben entsprach. Noch in fünfzig Kilometer Entfernung wurden Rentierherden von der Druckwelle getötet, und weitere fünfzig Kilometer entfernt ging die Kleidung eines zu Boden gestreckten Jägers in Flammen auf. Knapp zweitausend Quadratkilometer Wald wurden auf einen Schlag vernichtet. Wäre der Meteor nur vier Stunden später auf die Erde getroffen, dann wäre er über Sankt Petersburg explodiert und hätte jegliches Leben in dieser wunderschönen barocken Stadt ausgelöscht. Und das war nur ein Stein. Mit nur sechzig Meter Durchmesser.

Worauf ich hinauswill? Knien Sie nieder und beten Sie zu Ihren Göttern, denn diese große, kreiselnde Kugel, auf der wir durchs Weltall reisen, kreuzt jährlich die Flugbahn von rund zwanzig Millionen Asteroiden, von denen mindestens tausend einen Durchmesser von mehr als eineinhalb Kilometern haben.

Zurück zu meiner Tochter. Sie geht durch Dunkelheit und Regen nach Hause. Maureen und ich haben ihr einen Wagen geschenkt, einen Honda Civic, das Sicherste, was auf vier Rädern herumfährt, aber das Ding war gebraucht – aus erster Hand, wie der Händler es ausdrückte – und steht mit Getriebeproblemen in der Werkstatt, und sie *musste* sich einfach mit ihren Freundinnen treffen und quatschen und kichern und in der Mall mit zwei Stäbchen bunte Röllchen aus rohem Fisch und eingelegtem Ingwer in den Mund balancieren, und Kimberley hat sie abgeholt und wird sie auch wieder nach Hause bringen. Theoretisch. Maddy hat ein Handy und hätte mich oder ihre Mutter anrufen können, aber das hat sie anscheinend nicht. Und so geht sie eben zu Fuß. Durch den Regen. Und Alice K. Petermann, wohnhaft Briar Lane 16, weiß, geschieden, Immobilienmaklerin bei Hyperion, die in einem Salat gestochert und ihre Brille auf der Theke hat liegen lassen, kommt ins Schleudern.

Es ist kurz nach Mitternacht. Ich liege mit einem Buch im Bett, nackt und kaum imstande, mich auf die Wortgruppen und säuberlich gegliederten Sätze zu konzentrieren, denn Maureen ist im Badezimmer und zieht das schwarze Negligé von Victoria's Secrets an, das ich ihr zum Geburtstag geschenkt habe, und jedes Geräusch – das Quietschen der Angeln des Badezimmerschränkchens, das Surren der Zahnbürste, das Plätschern des Wassers – elektrisiert mich. Ich habe eine Kerze angezündet und warte nur darauf, dass Maureen ins Zimmer tritt, damit ich das Licht ausschalten kann. Wir haben früh am Abend ein paar Cocktails getrunken und zum Essen eine Flasche Wein, und dann haben wir uns vor dem offenen Kamin auf dem Sofa aneinandergekuschelt und einen Joint geraucht, denn unsere Tochter war ausgegangen, und was sie nicht weiß, macht sie nicht heiß. Ich lausche auf die kleinen Geräusche, die aus dem Badezimmer dringen, verführerische Geräusche, die mich auf die Folter spannen. Ich bin bereit. Mehr als bereit. Ungeduldig. »He«, rufe ich mit tiefer Stimme, »kommst du jetzt oder nicht? Du willst mich doch wohl nicht die ganze Nacht warten lassen, oder?«

Ihr Gesicht erscheint in der Tür. Durch den

schwarzen Seidenstoff schimmern die weißen Rundungen und die dunklen Warzen ihrer Brüste. »Ach, du wartest auf mich?«, sagt sie kokett. Sie verharrt in der Tür, und auf ihren Lippen erscheint ein Lächeln. Sie genießt diesen Augenblick, sie zieht ihn hinaus.

Ich sage nichts. Ich warte.

»Weil ich nämlich eigentlich noch ein bisschen im Garten arbeiten wollte – nicht lange, bloß ein paar Stunden. Du weißt schon: Mist ausbringen, Mulch häufeln rings um die Rosen. Du wartest doch auf mich?«

Und dann klingelt das Telefon.

Wir sehen uns ausdruckslos an, während es zweimal läutet, und dann sagt Maureen: »Ich geh lieber dran«, und ich sage: »Nein, nein, lass es. Unwichtig. Niemand.«

Aber sie hat sich bereits in Bewegung gesetzt.

»Lass es!«, rufe ich ihr nach und höre sie sagen: »Und wenn es Maddy ist?«, und dann sehe ich, wie sie den Hörer abnimmt und flüstert: »Hallo?«

In der Nacht, als der Meteor über Tungusien explodierte, war der Himmel über ganz Europa unnatürlich hell: Noch in London gingen die Leute weit nach Mitternacht in den Parks spazieren, saßen auf Bänken und lasen Romane, während die Schafe weitergrasten und die Vögel in den Bäumen unruhig wurden. Man sah weder Mond noch Sterne, nur ein bleiches, flackerndes Licht, und der Himmel wirkte, als wäre alle Farbe herausgewaschen. Doch dieser mitternächtliche Lichtschein und der Tod dieser unglücklichen sibirischen Rentiere waren natürlich nichts im Vergleich zu dem, was geschehen wäre, wenn ein größeres Objekt in die Erdatmosphäre eingetaucht wäre. Gesteinsbrocken mit einem Durchmesser von mehr als hundert Metern schlagen durchschnittlich alle fünftausend Jahre auf der Erde ein, und alle dreihunderttausend Jahre wird die Erde von einem Asteroiden mit einem Durchmesser von mehr als achthundert Metern getroffen. Dreihunderttausend Jahre sind natürlich eine lange Zeit. Aber wenn ... *wenn* es zu einer solchen Kollision kommt, wird die freigesetzte Energie im Millionen-Megatonnen-Bereich liegen. Die Explosion wird so viel Staub in die Atmosphäre wirbeln, dass der gesamte Planet praktisch tiefgefroren wird und alles pflanzliche Leben für mindestens ein Jahr das Wachstum einstellt. Es wird keine Ernten geben. Kein Futter. Keine Sonne.

Es hat sich ein Unfall ereignet, das ist es, was die Stimme am anderen Ende der Leitung zu meiner Frau sagt, und das Opfer ist Madeline Biehn, wohnhaft Laurel Drive 1337 – jedenfalls steht das auf dem Ausweis, den die Rettungssanitäter in ihrer Handtasche gefunden haben (in der Handtasche mit der silbernen Schnalle, die durch die Wucht des Aufpralls zwei Zentimeter tief in das Fleisch unter ihrem Arm getrieben wurde. Diese Handtasche ist ein kleines Ding, nicht größer als ein gebundenes Buch, mit einem dünnen Schulterriemen, eine Handtasche, wie alle Mädchen sie tragen – als wäre sie Teil einer Uniform). Ist dort die Mutter oder Erziehungsberechtigte?

Ich höre, wie meine Frau sagt: »Ich bin ihre Mutter.« Und dann, mit ganz und gar tonloser Stimme: »Ist sie …?«

Ist sie? Solche Fragen beantworten sie nicht, sie geben überhaupt keine Informationen preis, nicht am Telefon. Die nächsten zehn Sekunden vergehen donnernd, die Katastrophe bricht herein, meine Frau steht benommen da und hält den Hörer in der Hand, als wäre er irgendein unidentifizierbares Objekt, das sie auf der Straße gefunden hat, während ich unbeholfen aus dem Bett springe und nach meiner Hose greife. Und nach meinen Schuhen, wo sind meine Schuhe? Die Autoschlüssel? Meine Brieftasche? Das ist die wahre Panik, der Verlust von Glauben und Kontrolle: Das Namenlose ist benannt, der Schlag trifft das Herz, man ringt nach Atem. Ich sage das Einzige, was mir einfällt, ich will Klarheit, als könnte Klarheit meine Angst überwinden. »Sie hatte einen Unfall«, sage ich, nur um meine Stimme zu hören, nur um Klarheit herzustellen. »Das war es doch, was sie gesagt haben, oder?«

»Sie ist angefahren worden. Sie ist … Sie wissen es nicht. Sie wird operiert.«

»In welchem Krankenhaus? Haben sie gesagt, in welchem Krankenhaus?«

Auch meine Frau ist jetzt in Bewegung. Das Negligé ist lächerlich, vollkommen unpassend, und sie zerrt es sich über den Kopf und wirft es auf den Boden, während sie nach einer Bluse greift, nach Shorts und Gummisandalen – nach irgendetwas, irgendwas, womit sie ihre Blöße bedecken und zur Tür hinausstürzen kann. In der Küche winselt der Hund. Der Regen prasselt auf das Dach, wird lauter, hämmert auf die Dachrinnen. Ich suche nicht mehr nach meinen Schuhen – es gibt keine Schuhe, Schuhe existieren nicht, mein Hemd hängt schlaff über meine Schultern, falsch geknöpft, faltig, die Schöße sind nicht in die Hose gesteckt, und wir sitzen jetzt im Wagen, und der Scheibenwischer auf der Fahrerseite schlägt unregelmäßig, und die Nacht schließt sich um uns wie eine Faust.

Und dann ist da noch Chicxulub. Vor fünfundsechzig Millionen Jahren ging ein Asteroid (oder ein Meteor – niemand weiß das genau) auf der Halbinsel Yucatán nieder. Nach der Größe des Kraters zu urteilen (er hat einen Radius von hundertachtzig Kilometern) maß dieser Brocken, dieser große, glühende Ball, zehn Kilometer im Durchmesser. Sein Aufschlag verwandelte Tag in Nacht, und die Nacht dauerte so lange, dass mindestens fünfundsiebzig Prozent aller bekannten Spezies ausgelöscht wurden, einschließlich der Dinosaurier in allen Größen und Erscheinungsformen und neunzig Prozent des ozeanischen Planktons, was wiederum katastrophale Auswirkungen auf die Nahrungskette in den Weltmeeren hatte. Wie schnell der Asteroid war? Man schätzt, dass seine Geschwindigkeit 70 000 Kilometer pro Stunde betrug – er war also etwa sechzigmal schneller als eine Gewehrkugel. Astrophysiker bezeichnen solche Objekte als »Zivilisationskiller« und sagen, dass die Wahrscheinlichkeit, eine Katastrophe der Chicxulub-Größenordnung zu erleben, etwa bei eins zu zehntausend liegt. Sie ist damit genauso groß wie die Wahrscheinlichkeit, innerhalb der nächsten zehn Monate bei einem Autounfall zu sterben oder – und das ist bezeichnender – seinen hundertsten Geburtstag zusammen mit dem eigenen Mann oder der eigenen Frau zu erleben.

Ich sehe nur Fenster, ein endloses Muster aus Fenstern, die sich, eins über dem anderen, in den Nachthimmel erheben, als der Wagen die Auffahrt NUR FÜR RETTUNGSWAGEN entlangjagt und mit einem harten Ruck an der Bordsteinkante zum Stehen kommt. Die Türen werden gleichzeitig aufgerissen, Maureen ist schon draußen, knallt die Wagentür zu und läuft zum Eingang, und ich bin direkt hinter ihr. Der Zündschlüssel steckt, das Scheinwerferlicht bohrt sich in den Bauch eines diagonal geparkten Rettungswagens. Sie können den Wagen haben, jeder kann ihn haben und behalten, solange man mir nur sagt, dass es meiner Tochter gut geht. *Sag's mir*, murmele ich und haste atemlos weiter, durchnässt bis auf die Haut, *sag's mir, und du kannst ihn behalten*, und das ist ein Gebet, das Erste in einer langen, unterbrochenen Reihe von Gebeten zu irgendjemandem oder irgendetwas, der oder das möglicherweise zuhört. Der Himmel entlädt sich – über uns ist er schwarz, am Horizont quecksilbern –, der Regen fällt in windverwehten Schwaden, aber das würde ich nicht mal merken, wenn wir nicht sofort, in Sekundenschnelle, vollkommen durchnässt wären. Bis auf die Haut durchnässt: angeklatschte, strähnige Haare, die Kleider haften wie Fliegenpapier an der glatten, nassen Haut.

Wir gehen hinein, nebeneinander, durch Türen, die erschrocken vor uns zurückweichen, und mein einziger klarer Gedanke ist, dass das Krankenhaus eine Todesfabrik ist und dass wir es betreten wie lebende Tote: erschöpft, bleich, ohne Schuhe. »Meine Tochter«, sage ich zu der Schwester am Empfang. »Sie ist … Man hat uns angerufen. Sie haben uns angerufen. Sie hat einen Unfall gehabt.«

Maureen ist neben mir. Sie zupft an den Fingern der einen Hand, als wollte sie einen unsichtbaren Handschuh ausziehen. Sie lässt die Schultern hängen und presst die Lippen zusammen, die nasse Bluse klebt an ihr wie Frischhaltefolie. »Ein Auto. Ein Autounfall.«

»Name?«, fragt die Schwester. (Diese Schwester: Sie ist jung, eine Filipina mit unergründlichen Augen, ihr Gesicht ist so knochig wie ein Totenschädel; täglich sieht sie den Tod, und das macht sie blind. Sie sieht uns nicht, sie sieht einen Computermonitor, sie sieht den in einer Ecke aufgehängten Fernseher und die Schatten, die über den Bildschirm huschen, sie sieht die Wände, den Boden, das nackte Licht der Neonröhren. Uns sieht sie nicht. Uns nicht.)

Für einen donnernden Augenblick, der in meinem Kopf dröhnt und nachhallt, kann ich mich nicht an den Namen meiner Tochter erinnern. Ich sehe sie vor mir, wie sie sich über die auf dem Esstisch ausgebreiteten Lehrbücher beugt; die Lampe über dem Tisch umgibt ihr Haar mit einem Lichtkranz, als sie missmutig aufsieht, mit einem kleinen bitteren Lächeln, als wollte sie sagen: *So ist das heutzutage, wenn man ein Teenager ist, Dad, und du kannst froh sein, dass du nicht mehr zur Schule gehen musst* – aber ihr Name ist wie weggewischt.

»Maddy«, sagt meine Frau. »Madeline Biehn.«

Wie gebannt sehe ich zu, wie die knochigen Finger der Schwester die Maus hin und her schieben. Ihre Augen starren auf den Monitor. Ein Klick. Noch ein Klick. Sie hebt den Blick, um uns anzusehen, doch er weicht sogleich wieder aus. »Sie wird noch operiert«, sagt sie.

»Wo?«, will ich wissen. »Wo ist sie? Wo müssen wir hin?«

Maureens Stimme unterbricht mich, und was sie sagt, ist elementar und macht mich frösteln – es ist keine Frage, keine Feststellung oder Forderung, sondern eine flehentliche Bitte: »Was ist mit ihr?«

Ein weiterer Klick, aber der ist nur pro forma, die Augen bleiben starr auf den Bildschirm gerichtet. »Sie hatte einen Unfall«, sagt sie. »Die Sanitäter haben sie eingeliefert. Mehr kann ich Ihnen nicht sagen.«

In diesem Augenblick wird mir bewusst, dass wir nicht allein sind, dass andere Leute durch die Eingangshalle wimmeln, andere Zombies wie wir, die sich eilig angekleidet haben und von Regenwasser triefen, bis der beige Teppich schwarz ist, die von einem Fuß auf den anderen treten, stöhnen, sich mit leeren, blicklosen Augen aneinanderklammern – und warum, frage ich mich, warum verachte ich diese Schwester mehr als jeden anderen Menschen, dem ich je begegnet bin, diese junge Frau, nicht viel älter als meine Tochter, die das Haar zu einem Knoten gebunden hat, auf dem das weiße Häubchen wie ein Partyhütchen balanciert, und die *bloß ihren Job macht*? Warum würde ich am liebsten über den uns trennenden Schalter greifen und ihr rasch und entschlossen die Realität von Hass, Angst und Schmerz vor Augen führen? Warum?

»Ted«, sagt meine Frau, und ich spüre ihre Hand an meinem Ellbogen, und dann sind wir wieder in Bewegung – wir marschieren, wir eilen, wir rennen beinahe, hinaus aus der Halle, durch einen Korridor, im Gleißen von Lichtern, die selbst eine Art Tod sind, zu einem schlimmeren Ort, einem weit schlimmeren Ort.

Abgesehen davon, dass dieser Gesteinsbrocken von Chicxulub die Dinosaurier ausgerottet und einen katastrophalen und unumkehrbaren Prozess eingeleitet hat, beunruhigt mich die Folgerung, dass wir und all unsere Werke, Sorgen und Bindungen so überaus bedeutungslos sind. Der Tod beendet unsere Existenz als Individuum, das wissen wir, ja, doch die Ontogenese wiederholt die Phylogenese, und die Art besteht weiter. Auch nach unserem Tod wird es menschliches Leben und Kultur geben – darum können wir uns, auch wenn Gott fern ist, mit dem Tod des Individuums abfinden. Aber wenn man Chicxulub einbezieht – oder das nächste Chicxulub, den Stein, der vielleicht jetzt, da Ihr Blick über diese Zeilen geht, heulend herabstürzt, um alles und jeden auszulöschen –, was dann?

»Sie sind die Eltern?«
Wir sind in einem anderen Raum, tiefer im Gebäude, die Wände rücken näher, die Lautsprecher murmeln ihre unablässigen Beschwörungen: *Dr. Chandrasoma in die Notaufnahme – Dr. Bell, bitte Zentrale*, und wir stehen einer anderen Schwester gegenüber, grimmiger, älter, mit toteren Augen und Falten rings um den Mund, die aussehen wie die eines fest verschlossenen Tabaksbeutels. Sie spricht mit uns, mit mir und meiner Frau, aber ich bringe keinen Ton heraus, weder bejahend noch verneinend. Ich bin gelähmt, wie vor den Kopf geschlagen. Wenn ich Maddy als mein Fleisch und Blut bezeichne – und schon wieder versuche ich, Geschäfte zu machen –, dann wird sich das sicher als Fluch erweisen, denn jene Mächte, die es gibt oder auch nicht gibt, jene Götter der Unendlichkeit und der Winzigkeit, werden sehen, wie verzweifelt ich sie liebe, und sie mir wegnehmen, um mich dafür zu strafen, dass ich nicht an sie glaube. *Voodoo, Hoodoo, Santeria, segne mich, Vater, denn ich habe gesündigt.* Ich höre Maureens Stimme wie aus einem verschlossenen Safe, die geflüsterte Silbe, und dann: »Wie schlimm ist es?«

»Das kann ich Ihnen nicht sagen«, sagt die Schwester, und ihre Stimme klingt neutral, ja roboterhaft. Es ist nicht ihre Tochter. Ihre Tochter ist zu Hause und schläft in einem Nest aus Teddybären, rosa Laken und flauschigen Kissen, und irgendwo leuchtet das Nachtlicht wie das Auge eines Wächters, dem nichts entgeht.

Ich kann nicht mehr. Es ist diese Neutralität, diese

klinische Neutralität, die einen zum Wahnsinn treibt. Kann denn nicht mal irgendjemand für irgendetwas die Verantwortung übernehmen? »Was *können* Sie uns denn sagen?«, sage ich, und vielleicht sage ich es ein bisschen zu laut, kann sein. »Ist das nicht Ihr Job, verdammt noch mal? Zu wissen, was hier los ist? Sie rufen uns mitten in der Nacht an – unsere Tochter ist verletzt, sie hatte einen Unfall, und Sie können uns nicht sagen, was los ist?«

Sie drehen sich nach uns um, mustern uns durchdringend. Sie hängen in orangeroten Plastikstühlen, liegen ausgestreckt auf dem Boden, beten, gehen auf und ab, bewegen stumm die Lippen. Auch sie wollen etwas wissen. Wir alle wollen etwas wissen. Wir wollen Neuigkeiten, gute Neuigkeiten: Es war ein Irrtum – bloß ein paar kleine Schnittwunden und Blutergüsse (»Prellungen«, sagt man da wohl), und deine Tochter, dein Sohn, dein Mann, deine Großmutter, dein Cousin zweiten Grades wird gleich durch die Tür da drüben treten …

Die Schwester durchbohrt mich mit einem Blick, und dann kommt sie hinter dem Schalter hervor, eine kleine, untersetzte Frau, beinahe kleinwüchsig, und geht mit raschen Schritten zu der Tür, die zu einem weiteren Raum aufschwingt, noch tiefer … »Wenn Sie mir bitte folgen würden«, sagt sie.

Plötzlich bin ich verlegen, ziehe den Kopf ein und gehorche, zwei Schritte hinter Maureen. Dieser Raum ist kleiner, ein Untersuchungszimmer mit Skalen und Tabellen an den Wänden und einer mit antiseptischem Papier abgedeckten Untersuchungsliege. »Warten Sie hier«, sagt die Schwester und wendet sich schon wieder zum Gehen. »Der Doktor wird gleich hier sein.«

»Was für ein Doktor?«, will ich wissen. »Wozu? Was will er?«

Aber die Tür hat sich bereits geschlossen.

Ich sehe Maureen an. Sie steht mitten im Zimmer und will nichts anfassen, will sich nicht setzen oder sich auch nur bewegen, aus Angst, sie könnte den Zauber brechen. Sie lauscht auf Schritte, ihr Blick ist auf die zweite Tür am anderen Ende des Raums gerichtet. Ich höre mich ihren Namen flüstern, und dann liegt sie in meinen Armen, schluchzend, und ich weiß, dass ich sie umarmen sollte, dass wir beide das brauchen, diesen menschlichen Kontakt, diese Liebe, die Unterstützung, doch ich spüre nur, welche Last sie ist – sieht sie denn nicht, dass es nichts und niemanden gibt, der das hier besser, erträglicher machen könnte? Ich will nicht trösten und nicht getröstet werden. Ich will meine Tochter zurück, das ist alles. Sonst nichts.

Maureens Stimme kommt von so tief in ihrer Kehle, dass ich sie kaum verstehen kann. Es dauert einen Augenblick, bis ich es begriffen habe, selbst als sie sich von mir löst, ihr Gesicht zerknautscht und gerötet. Das ist ihr Gebet, sie flüstert es laut: »Es wird alles gut, oder?«

»Ja«, sage ich, »es wird alles gut. Sie wird ein paar Prellungen haben, vielleicht sind auch ein paar Knochen gebrochen …« Meine Stimme verklingt, während ich versuche, es mir vorzustellen, die Krücken, den Gipsverband, die Pflaster und Wundverbände:

Unsere Tochter kehrt in einem schimmernden Lichtkranz zu uns zurück.

»Es war ein Wagen«, sagt sie. »Ein Wagen, Ted. Sie ist angefahren worden.«

Der Raum scheint von der verebbenden Energie des großen Gebäudes zu ticken und zu summen. Unwillkürlich muss ich an das Kabelgewirr in den Wänden denken, das die Röntgen-, EKG- und EEG-Geräte mit Strom beliefert, an die lebenserhaltenden Maschinen, an die unzähligen Schläuche und die Flüssigkeiten, die in ihnen fließen. Ein Wagen. Eineinhalb Tonnen Stahl, Chrom, Glas und Eisen.

»Warum ist sie überhaupt da herumgelaufen? Was hatte sie auf der Straße zu suchen?«

Meine Frau nickt, die nassen Strähnen ihres Haars schlagen auf ihre Schultern wie die Peitschenriemen von Flagellanten. »Wahrscheinlich hat sie sich mit Kimberley gestritten. Bestimmt. Jede Wette.«

»Wo bleibt dieser Scheißkerl?«, knurre ich. »Dieser Arzt, wo bleibt der?«

Wir sind eine gute Stunde oder länger in diesem Raum, in diesem Fegefeuer. Zweimal stecke ich den Kopf durch die Tür und bedenke die Schwester mit einem vernichtenden Blick, aber es gibt nichts Neues, keinen Arzt, nichts. Und dann, um Viertel nach zwei, geht die zweite Tür auf, und da ist er: zu jung, um Arzt zu sein, ein Jüngling mit einem glatten, nichtssagenden Gesicht und einer Tolle über der Stirn, und er braucht gar nichts zu sagen, kein Wort, denn ich weiß, was er uns bringt, und mein Herz krampft sich zusammen. Er sieht Maureen an und dann mich, und dann schlägt er die Augen nieder. »Es tut mir leid«, sagt er.

Wenn er kommt, wird der Meteor innerhalb einer Sekunde in die Atmosphäre eintauchen und auf die Erde prallen, wobei er verdampfen und einen Feuerball mit einem Durchmesser von mehreren Kilometern und einer Temperatur von sechzigtausend Grad erzeugen wird – das ist zehnmal heißer als die Oberfläche der Sonne. Wenn er die Größe des Chicxulub-Steins hat und auf festem Land aufschlägt, wird er etwa zweihunderttausend Kubikkilometer Erde in die Atmosphäre schleudern, während gleichzeitig die Wärmestrahlung die Wälder und Städte der Erde in Brand setzen wird. Es wird Erdbeben und Vulkanausbrüche noch nie gekannten Ausmaßes geben, gefolgt von der finsteren Nacht des kosmischen Winters. Sollte er – wie der Chicxulub-Stein – im Meer landen, dann wird er Wasserdampf in die Atmosphäre schleudern, die Sonne auslöschen und ein praktisch identisches Szenario aus seismischen Aktivitäten und ewigem Winter auslösen, während eine ringförmige, fünf Kilometer hohe Flutwelle über die Kontinente rasen und sie durcheinanderwirbeln wird wie Untertassen in einer Abwaschschüssel.

Also was soll's? Was soll das Ganze? Wir sind machtlos. Wir sind mutterseelenallein. Und die Götter – alle Götter aller Zeiten – sind nichts als ein Gerücht.

In dem Saal voller Betten sticht ein Bett ins Auge. Menschen liegen wie aufgebahrt, als befänden wir uns im Krieg, die spitzen Nasen der mit Laken zugedeckten Opfer ragen auf wie Felsen in einer vergletscherten Ebene. Diese Menschen leben noch, Flüssigkeiten fließen in ihre Adern, Apparate überwachen die Lebensfunktionen, Schwestern beugen sich wie Ghule über sie, doch sie alle werden bald tot sein. So viel ist sicher. Aber das eine Bett, ganz hinten, an der Wand, mit einem Laken bedeckt, unter dem eine unfassbar kleine, geschrumpfte Gestalt liegt – das ist das Einzige von Bedeutung. Der Arzt geht voran und spricht mit leiser Stimme von inneren Verletzungen, von Milzriss und Hirnstammtrauma, und ich kann mich kaum auf den Beinen halten. Maureen klammert sich an mich. Das Licht wird trüber.

Habe ich Worte, um zu beschreiben, wie schwer es ist, das Laken anzuheben? Es ist aus ganz dünnem Stoff, aber es fühlt sich an, als wäre es aus Blei, aus Eisen, aus Iridium, als hätte sich alle schwarze Materie des Universums darin konzentriert. Der Arzt tritt einen Schritt zurück und faltet die Hände vor dem Bauch. Der ganze Saal, die ganze Intensivstation oder was das hier ist, hält den Atem an. Maureen stellt sich neben mich, sodass unsere Schultern sich berühren und ich ihren Körper, ihre Wärme spüre, und ich denke an das Kind, das wir zusammen gemacht haben, diesen Körper unter dem Laken, und die Hand am Ende meines Arms umklammert den Stoff, die Finger krümmen sich, greifen, packen zu. Millimeter um Millimeter gleitet das Laken zurück, der langsame Striptease des Todes … und ich kann das nicht, ich kann es nicht … bis Maureen sich unvermittelt vorbeugt und es mit einem heftigen Ruck wegreißt.

Es dauert einen Augenblick – das Entsetzen über die verfärbte, aufgequollene Gestalt, über die Blutkrusten an der Schläfe und im verfilzten Haar, über diese obszöne Schändung all dessen, was wir kennen und erwarten und lieben –, bis die Freude uns durchströmt. Maddy ist rothaarig wie ihre Mutter und, obwohl sie siebzehn ist, so dünn und hoch aufgeschossen wie ein Kind, mit unverhältnismäßig großen Händen und Füßen, und sie hat sich auch nie das glatte, zarte Fleisch unterhalb der Unterlippe piercen lassen. Ich bringe kein Wort heraus. Ich bin noch im Rausch der Euphorie, die diese neue Droge ausgelöst hat, ich schwebe durch den Raum, durch das Krankenhaus, ich schwebe über der Erde. Maureen sagt es an meiner Stelle: »Das ist nicht unsere Tochter.«

Unsere Tochter ist nicht im Krankenhaus. Unsere Tochter schläft in ihrem Zimmer, unter den freundlichen Blicken der Poster an der Wand – Britney, Brad, Justin –, und ihre Sachen liegen verstreut herum, als fände hier ein Flohmarkt statt. Unsere Tochter ist tatsächlich zum Hana Sushi in der Mall gefahren, wie sie es vorhatte, und Kimberley hat sie nach Hause gefahren. Unsere Tochter hat ohne unser Wissen, ohne dass irgendjemand davon wusste, ein bisschen gegen die Regeln verstoßen. Eine Lappalie, eigentlich gar nichts, etwas, was jeder Teenager tut, ohne auch nur zweimal nachzudenken: Sie hat ihrer zweitbesten Freundin Kristi Cherwin ihren

Ausweis geliehen, weil Kristi erst sechzehn ist und den neuen Film mit Brad Pitt im Cineplex sehen will – sehen *muss* –, nur ist der leider ab siebzehn. Unsere Tochter weiß nicht, dass wir im Krankenhaus waren, weiß nichts von Alice K. Petermann und dem Pinot Noir und der auf der Theke vergessenen Brille, weiß nicht, dass in diesem Augenblick bei den Cherwins das Telefon läutet.

Ich sitze, ein Glas in der Hand, auf dem Sofa und starre in die Asche im Kamin. Maureen ist in der Küche, vor sich einen Becher Ovomaltine, und starrt mit leerem Blick aus dem Fenster, wo die Konturen der Bäume im ersten Morgenlicht sichtbar werden. Ich versuche, mir die Cherwins vorzustellen – Ed und Lucinda, wir hatten sie ein paarmal zu Gast –, doch es gelingt mir erst, als mir eine wie von hinten erleuchtete Szene einfällt, ein Grillnachmittag in ihrem Garten: Die Erwachsenen stehen mit Gin Tonics um den Grill herum, im Radio läuft ein längst vergessenes Lied, die Kinder – unsere Töchter – fahren mit den Fahrrädern auf der gepflasterten Auffahrt hin und her; sie spielen Fangen, fahren enge Kurven, weichen aus, heben mit den Vorderrädern ab, ihre Haare flattern im Fahrtwind, und die Sonne bricht schräg durch die Bäume. Man kann eine Münze zehnmal werfen, und möglicherweise kommt zehnmal Kopf – oder keinmal. Der Stein, der nächste Chicxulub-Stein, ist unterwegs, er rast durch Kälte und Finsternis, um unser Schicksal zu besiegeln. Aber nicht heute Nacht. Und nicht meines.

Bei den Cherwins hat er bereits eingeschlagen.

Zähne und Klauen

Das Wetter hatte absolut nichts damit zu tun – obwohl es den ganzen Tag immer wieder geregnet hatte und ich auf Grund der Art und Weise, wie es aus den Dachrinnen lief, Verzweiflung noch für den harmlosesten Ausdruck im Wörterbuch hielt –, denn ich wäre an diesem Nachmittag auch zu Daggett's gefahren, wenn die Sonne geschienen und die Palmwedel in Gold getaucht hätte. Das Problem war Arbeit. Oder vielmehr der Mangel daran. Der Chef hatte mich um halb sieben Uhr morgens angerufen und gesagt, ich solle nicht kommen, weil der Typ, für den ich eingesprungen war, sich ausreichend von seinem verrenkten Rücken erholt hatte, um wieder zu arbeiten, und nein, ich sei nicht gefeuert, weil sie nächste Woche einen neuen Job hätten und er alle Kräfte, die er kriegen könnte, brauchen würde. »Mach dir ein paar schöne Tage und genieß das Leben«, polterte er ins Telefon mit seiner leisen, heiseren, ungleichmäßigen Stimme, die immer kurz davor schien, in etwas anderes umzuschlagen – in Kreischen oder Blöken oder statisches Rauschen. »Du bist doch noch jung, oder? Zieh los und such dir eine Freundin. Betrink dich. Geh in die Bibliothek. Hilf alten Frauen über die Straße. Hast du verstanden, was ich meine?«

Es war ein langer Tag: Frühstück aus einer Pappschachtel, während Zeichentrickbilder über den Fernsehschirm flimmerten, verblassten und sich wieder zusammensetzten, dann planloses Lesen, zuerst die Tageszeitung und anschließend ein paar Ausgaben von *National Geographic*, die ich auf einem Flohmarkt erstanden hatte, Mittagessen im Deli, wo ich einen Tortilla-Wrap mit Schinken und Käse aß und genau zehn Worte mit dem Mädchen hinter der Theke wechselte *(Nummer 7, bitte, ohne Mayo; Einen schönen Tag noch; Ebenfalls)*, und ein Spaziergang zum Strand, nach dem meine Sneakers patschnass waren. Und trotzdem war es erst drei Uhr nachmittags, und ich musste mich zwingen, bis fünf nicht in die Bar zu gehen, auf keinen Fall vor fünf.

Ich war nicht dumm. Und ich hatte nicht die Absicht, ein Trinker zu werden wie die hartgesottenen alten Männer in der mit Einkaufszentren gepflasterten Kleinstadt, in der ich aufgewachsen war, schweigsame Männer mit Hass im Blick und Unzufriedenheit im Bauch – wie mein eigener toter Vater übrigens –, aber ich war neu hier oder relativ neu (neun Wochen, Tendenz steigend), und Daggett's war der einzige Ort, an dem ich mich wohlfühlte. Und warum? Weil er voll alter Männer war, die tranken, bis sie alles vergaßen. Es erinnerte mich an zu Hause. Oder ich fühlte mich dort zu Hause.

Die Ironie der Geschichte entging mir nicht. Der einzige Grund, warum ich an die Westküste gezogen war, wo ich zuerst bei meiner Tante Kim und ihrem Mann Waverley lebte und dann in meiner eigenen Zweizimmerwohnung mit Kochnische und einem ein mal zwei Meter großen Balkon mit teilweise verbautem Blick auf den achthundert Meter entfernten Pazifik, war, dass ich ein wenig Aufregung in mein Leben bringen und mich unter die College-Studenten in den Bars mischen wollte, die eine neben der anderen die State Street säumten, aber hier war ich, hing in einer Altmännerkneipe herum, die nach Tod und Kotze roch und in der man sich eingeschlossen fühlte wie in einem U-Boot, obwohl draußen vor der Tür alle exotischen sonnenversengten Herrlichkeiten Kaliforniens warteten. Wo es niemals regnete. Außer im Winter. Und jetzt war Winter.

Ich nickte unsicher den sechs oder sieben Stammgästen zu, die an der Bar saßen, bestellte einen Jack-mit-Coke, abgesehen von Bier das einzige Getränk, dessen Geschmack ich mochte, und den Geschmack von Bier mochte ich nicht wirklich. In den drei Fernsehern, die von der Decke hingen, liefen Sportsendungen – es war eine Sportbar –, aber der Ton war abgedreht, und aus den Lautsprechern dröhnten genau die alten Hits aus den Sechzigern, die ich auch zu Hause hätte hören können. Ad nauseam. Als der Barkeeper – er zumindest war jung, ebenso wie, Gott sei Dank, die Kellnerinnen – meinen Drink hinstellte, machte ich eine Bemerkung über das Wetter, »Toller Tag zum Sonnenbaden, was?«, und die beiden Stammgäste in meiner Nähe schauten mit etwas wie Interesse im Blick auf. »Oder zum Vögelbeobachten«, fügte ich hinzu, weil ich mich ermuntert fühlte, und sie wandten den Kopf wieder dem vertrauten Dreieck von abgelegten Unterarmen und Cocktailglas zu, und das war's.

Es muss ungefähr sieben gewesen sein, es regnete noch immer, und die Leute waren von dieser Neuheit kurzfristig belebt, wenn sie kamen und gingen und ihre Regenschirme öffneten und schlossen, als ein Typ meines Alters – oder nein, er muss an die dreißig gewesen sein – hereinkam und sich neben mich setzte. Er trug eine Baseballkappe, eine Jeansjacke und ein T-Shirt mit der Aufschrift *Der Tod ist zwingend*, was ich für den Namen einer Band hielt, von der ich noch nie gehört hatte. Er hatte blondes, um die Ohren kurz geschnittenes Haar und ein Ziegenbärtchen, das aussah wie ein blasser, von einer sehr zittrigen Hand unter das Kinn gemalter Streifen. Wir begrüßten uns auf die übliche Art – *Was gibt's Neues?* –, dann winkte er dem Barkeeper und bestellte ein Bier vom Fass, ein Schnapsglas mit Tomatensaft und zwei rohe Eier.

»Rohe Eier?«, wiederholte der Barkeeper, als hätte er nicht richtig verstanden.

»Ja. Zwei rohe Eier, in der Schale.«

Der Barkeeper – er hieß Chris oder vielleicht auch Matt – lächelte und kratzte sich am Hinterkopf. »Wir können sie glibbrig machen oder durchgebraten oder sogar pochiert, aber *roh*, ich weiß nicht. Ich meine, das hat noch nie jemand bestellt –«

»Fragen Sie den Koch, okay?«

Der Barkeeper zuckte die Achseln. »Klar«, sagte er, »kein Problem.« Er ging los in Richtung Küche und blieb plötzlich wieder stehen. »Wollen Sie Toast dazu oder Pommes oder was?«

»Nur die Eier.«

Alle sahen jetzt zu, jedes kleine Drama war den

Eintrittspreis wert, vor allem an einem Abend wie diesem, aber der Barkeeper – Chris, er hieß definitiv Chris – ging einfach ans andere Ende der Bar und gab die Bestellung an die Kellnerin weiter, die sie auf ihrem Block notierte. Dann verschwand sie in der Küche. Einen Augenblick später wandte sich der Mann mir zu und sagte mit einer so lauten Stimme, dass alle ihn hörten: »Herrgott, die Musik ist beschissen. Sind wir hier in einer Zeitmaschine, oder was?«

Die alten Männer – Stammgäste – schauten von ihren Drinks auf und zu ihm hin, aber sie hatten graue Haare und schlaffe Bäuche und kannten ihre Grenzen. Einer sagte etwas über das Spiel im Fernsehen, ein anderer antwortete, und ihre exklusive Unterhaltung lebte wieder auf.

»Ja«, hörte ich mich sagen, »wirklich beschissen«, und bevor ich wusste, was ich tat, sprach ich voller Leidenschaft über meine Lieblingsbands, während der neue Typ Tomatensaft in sein Bier goss und den Schaum abnippte und die Musik trotzig weiterdröhnte und Leute mit nassen Schuhen und tropfenden Regenschirmen durch die Tür kamen und sich hinter uns drängten. Daria, eine Kellnerin, auf die ich ein Auge geworfen hatte, zu der ich allerdings mangels Mut noch nicht mehr als Hallo und Auf Wiedersehen gesagt hatte, servierte ihm zwei nackte braune Eier auf einem normalen großen Teller. »Ihre Eier, Sir«, sagte sie. »Wollen Sie etwas dazu? Ketchup? Tabasco?«

»Nein«, sagte er, »nein, ist schon okay«, und alle warteten darauf, dass er die Eier über dem Bier zerschlug, aber er sah sie nicht einmal an. Er sah Daria an, hielt sie mit seinem Blick fest. »Wie heißen Sie?«, fragte er grinsend.

Sie sagte es ihm, und auch sie grinste.

»Freut mich, Sie kennenzulernen«, sagte er und nahm ihre Hand. »Ich bin Ludwig.«

»Ludwig«, wiederholte sie und sprach es wie er mit einem harten *V* aus, obwohl er, soweit ich es beurteilen konnte – anhand seiner Kleidung und seines Akzents, reines Südkalifornien –, kein Deutscher war. Oder falls doch, dann sprach er perfektes Englisch.

»Sind Sie Deutscher?« Daria flirtete mit ihm, und diese Erkenntnis begann mich auf die rudimentärste Art gegen ihn einzunehmen.

»Nein«, sagte er, »ich bin aus Hermosa Beach, geboren und aufgewachsen. Es ist der Name, stimmt's?«

»Ich hatte letztes Jahr einen Deutschlehrer, der hieß Ludwig, deswegen.«

»Sie gehen aufs College?«

Sie bejahte, und das war mir neu. Sie arbeitete nebenher. Studierte Betriebswirtschaft. Sie wollte irgendwann ein eigenes Restaurant haben.

»Es war die Idee meiner Mutter«, sagte er, als hätte er darüber nachgedacht. »Sie hörte die ›Eroica‹ in der Nacht, als ich geboren wurde.« Er zuckte die Achseln. »Seitdem verfolgt er mich wie ein Fluch.«

»Ich weiß nicht«, sagte sie. »Ich finde ihn irgendwie süß. Es gibt nicht viele Ludwigs, wissen Sie?«

»Ja, erzählen Sie mir mehr«, sagte er und trank einen Schluck Bier.

Sie blieb da, obwohl sie anderes hätte tun können. Das Prasseln des Regens wurde lauter, übertönte sogar einen Augenblick das Dröhnen der Lautsprecher. »Was ist mit den Eiern«, sagte sie, »brauchen Sie Besteck oder –«

»Oder was? Soll ich sie einfach aus der Schale saugen?«

»Ja«, sagte sie, »irgend so etwas.«

Er streckte eine mit Silber bestückte Hand aus, um die Eier zu berühren und sie sanft auf dem glänzenden Teller vor und zurück zu rollen. »Nein, ich will sie nur liebkosen«, sagte er und erhielt die erwartete Reaktion: Sie lachte. »Macht hier noch jemand Würfelspiele?«, rief er die Bar entlang, und die Stammgäste richteten die Blicke auf uns und wandten sie wieder ab.

In jenen Tagen – und das war vor zehn oder mehr Jahren – war Horse ein beliebtes Spiel in gewissen kalifornischen Bars, ebenso wie Rauchen, ungeschützter Sex und diverse andere Vergnügen für Erwachsene, die die Gesundheit gefährdeten oder auch nicht. Fünf Würfel wurden in einem Becher geschüttelt, der Becher wurde auf den Tisch geknallt in dem Versuch, die höchstmögliche Punktezahl – dreißig – zu erreichen. Auf alles konnte gesetzt werden, die nächste Runde oder das nächste Lied in der Jukebox.

Der Regen trommelte gegen die Tür, und sie wurde kurz geöffnet, um ein stampfendes, regenschirmloses Paar einzulassen. Ludwigs Frage hing unbeantwortet in der Luft. »Nein? Wie wär's mit dir, Daria?«

»Ich muss arbeiten.«

Er wandte sich mir zu. Ich musste am nächsten Morgen nicht zur Arbeit und am übernächsten auch nicht – vielleicht überhaupt nicht mehr. Meine Wohnung war nicht so, wie ich sie mir vorgestellt hatte, so ohne jemanden, mit dem ich sie teilen konnte, und ich hatte mir geschworen, lieber auf der Straße zu schlafen, als zu meiner Tante zurückzukehren, denn das wäre die schlimmste Niederlage gewesen. *Pass gut auf mein Baby auf, Kim,* hatte meine Mutter gesagt, als sie mich zu ihr brachte. *Ich habe nur ihn.*

»Klar«, sagte ich. »Ja. Worum spielen wir – um Drinks, oder?« Ich kramte in meinen Taschen, ungeschickt, mit hängenden Schultern – ich war betrunken, das spürte ich. »Weil ich nicht viel, vielleicht zehn Dollar –«

»Nein«, sagte er, »nein«, und stieg von seinem Hocker, »warte, bin gleich wieder da«, und dann war er durch die Tür und draußen im Regen.

Daria hatte sich nicht gerührt. Sie trug das Standardoutfit der Angestellten von Daggett's, Shorts, weiße Socken und ein T-Shirt mit dem Namen des Etablissements auf der Brust, ihre Beine blass und seidig im flackernden Licht des elektrischen Kamins in der Ecke. Sie warf mir einen mitfühlenden Blick zu, und ich zuckte die Achseln, um ihr zu verstehen zu geben, dass ich zu allem bereit war wie ein richtiger Mann von Welt.

An der Tür wurde es laut – ein Kratzen und Scharren –, und wir blickten alle auf und sahen Ludwig, der sich vor dem Hintergrund des Regens mit irgendetwas abmühte. Sein Hut saß schief, Wasser tropfte ihm von Nase und Kinn. Es dauerte einen Augenblick, mit einer Schulter drückte er die Tür auf, und dann hob er einen Käfig – einen großen Käfig, achtzig Zentimeter hoch und ungefähr einen Meter zwanzig breit – durch die Tür und stellte ihn an der Wand ab. Niemand rührte sich. Niemand sagte etwas. Im Käfig war etwas, die Furcht davor setzte so heftig und abrupt ein wie der Geruch, den es verströmte, etwas Wildes und Fremdes und definitiv Ungewöhnliches an diesem bislang so schmerzhaft gewöhnlichen Abend.

Ludwig wischte sich mit dem Hemdsärmel das Wasser aus dem Gesicht, rückte seinen Hut zurecht und kehrte an die Bar zurück, er wirkte munter und erfrischt. »Okay«, sagte er, »nur keine Schüchternheit vorschützen – schau's dir an. Es beißt nicht. Oder es beißt, es beißt ganz entschieden, bleib mit den Fingern weg, das ist alles …«

Ich sah angezogene Gliedmaßen, Krallen, gelbe Augen. Was immer es war, das Ding hatte sich nicht bewegt, nicht einmal geblinzelt. Ich wollte gerade fragen, was es war, als Daria neben mir sagte: »Es ist eine Katze, eine Art Wildkatze. Stimmt's? Ein was – ein Luchs oder so?«

»Das Tier darf nicht hier drin sein«, sagte ein Stammgast, aber gleichzeitig stand er von seinem Hocker auf, um es sich anzusehen – alle standen jetzt auf, schoben Stühle zurück und Tische beiseite, scharten sich um den Käfig.

»Es ist ein Serval«, sagte Ludwig. »Aus Afrika. Fünfunddreißig Pfund Muskeln und schneller als eine Schlange.«

Und woher hatte er ihn? Er hatte ihn gewonnen, in einer Bar in Arizona, bei einem Würfelspiel.

Und seit wann hatte er ihn? Seit zwei Jahren.

Hatte er einen Namen? Kater. Einfach Kater. Und ja, es war ein Männchen, und nein, er wollte ihn nicht loswerden, aber er hatte einen neuen Job in Übersee und konnte ihn unmöglich mitnehmen, deswegen meinte er, es wäre korrespondierend – das war das Wort, das er benutzte, *korrespondierend* –, er wollte ihn abgeben, wie er ihn bekommen hatte.

Er wandte sich mir zu. »Wie heißt du gleich noch mal?«

»Junior«, sagte ich. »James Jr. Turner, ich meine James Turner junior. Aber alle nennen mich Junior.« Ich wollte hinzufügen: »Wegen meinem Vater, damit die Leute uns nicht verwechseln«, aber ich beließ es dabei, weil es nur kompliziert geworden wäre angesichts der Tatsache, dass mein Vater seit einem halben Jahr tot war und ich sein konnte, wer immer ich sein wollte.

»Okay, Junior, hier ist der Deal«, sagte Ludwig. »Deine zehn Kröten gegen die Katze, einmal würfeln, was sagst du dazu?«

Ich wollte sagen, dass ich keinen Platz hatte für das Tier, dass ich keine Katze welcher Art auch immer wollte und auch kein Meerschweinchen oder einen Fisch in einer Glaskugel, dass die zehn Dollar unwichtig waren, aber alle sahen mich an, und ich konnte keinen Rückzieher machen, ohne dass mir die Schamesröte ins Gesicht gestiegen wäre – und Daria war ebenfalls zu berücksichtigen, weil auch sie mich ansah. »Ja«, sagte ich. »Ja, okay, klar.«

Sechzig Sekunden später war ich noch immer solvent und um eine Katze und einen Käfig reicher. Ich hatte Glück gehabt – oder Pech, je nachdem, wie man es sehen wollte – und drei Fünfer und zwei Vierer gewürfelt; Ludwig würfelte insgesamt elf. Er trank sein Bier in einem Zug aus, schüttelte mir die Hand, um den Deal zu besiegeln und mich zu beglückwünschen, und dann ging er zur Tür. »Aber was soll ich ihm zu fressen geben?«, rief ich. »Ich meine, was frisst er?«

»Eier«, sagte er. »Er liebt Eier. Und Fleisch. Rohes Fleisch. Kein Trockenfutter, Trockenfutter kannst du vergessen. Es ist ein wildes Tier, und so solltest du es auch behandeln.« Er stand an der Tür, schaute hinunter auf das Ding mit einem Blick, der wehmütig oder zufrieden war, ich hätte es nicht sagen können, dann griff er an die Rückseite des Käfigs, um dort etwas zu lösen – schwarzes Leder schimmerte – und mir zuzuwerfen: Es war ein Handschuh oder vielmehr ein Schutzhandschuh, so lang wie mein Arm. »Den solltest du anziehen, wenn du ihn fütterst«, sagte er, und dann war er verschwunden.

Einen langen Augenblick starrte ich auf die Tür und versuchte zu begreifen, was geschehen war, dann schaute ich zu den Stammgästen – in ihre Gesichter – und zu den anderen Gästen, Leute aus dem Ort oder vielleicht auch Touristen, die auf ein Bier oder einen Burger oder das Menü des Tages hereingekommen waren und sich jetzt mit dieser Fremdartigkeit konfrontiert sahen, und schließlich zum Käfig. Daria beugte sich darüber, gurrte das Tier darin an, Ludwigs Eier in der Hand. Sie war klein und kompakt, auf konventionelle Weise hübsch mit den runden Augen und den symmetrischen Gesichtszügen eines Mädchens aus einem japanischen Zeichentrickfilm, ihre Joggingschuhe nicht größer als die eines Kindes, das blonde Haar zu einem Pferdeschwanz zusammengefasst, und all das war mir schon früher aufgefallen, in wochenlangen Studien, aber jetzt bemerkte ich es mit der Wucht einer Offenbarung. Sie war wunderschön, ein wunderschönes Mädchen, auf ein Knie gestützt, die Shorts hinten nach oben gerutscht, das T-Shirt unterhalb des Busens gebauscht, und bot der Katze – meiner Katze – ein kleines bisschen Trost, als wäre es ein Kätzchen, das sie verlassen auf der Straße gefunden hatte.

»Himmel, was willst du mit dem Tier machen?« Chris war hinter der Bar hervorgekommen, stand neben mir und blickte ehrfürchtig drein.

Ich sagte, dass ich es nicht wüsste. Dass ich nicht vorgehabt hätte, eine Wildkatze zu halten, dass ich bis vor fünf Minuten nicht einmal gewusst hätte, dass es so etwas gab – Servale.

»Lebst du hier in der Gegend?«

»Bayview Apartments.«

»Sind dort Haustiere erlaubt?«

Ich hatte nie darüber nachgedacht, aber sie waren erlaubt, es musste so sein – der Mann neben mir hatte zwei japsende kleine Hunde mit Schleifen im Haar, und die Frau am anderen Ende des Flurs hatte einen Dobermann, dessen Krallen jedes Mal, wenn sie kam oder ging, was sie ungefähr hundertmal am

Tag zu tun schien, über das Linoleum kratzten. Aber das hier war etwas anderes. Das war etwas, was die Parameter des Standardmietvertrags sprengte. »Ja«, sagte ich, »ich glaube schon.«

Wo die Tür des Käfigs eingehängt war, gab es den einzigen Spalt, der breit genug war, um ein Ei durchzuschieben, ohne die Schale zu zerdrücken, und Daria, die noch immer gurrte, rollte das erste Ei, dann das zweite durch die Öffnung. Einen Augenblick lang geschah nichts. Dann veränderte die Katze, die sich gegen den Maschendraht drückte, kaum merklich die Position und nahm das erste Ei ins Maul – zwei Zähne, spitz wie Spritzen, ein Knirschen und dann das leise Raspeln der Zunge.

Daria stand auf und trat mit einem Ausdruck der Verwunderung zu mir. »Unternimm nichts, bis meine Schicht zu Ende ist, okay?«, sagte sie und griff in ihrem Eifer nach meinem Arm. »Um neun habe ich Schluss, also warte, okay?«

»Ja«, sagte ich. »Klar.«

»Wir können ihn fürs Erste hinten in den Lagerraum stellen, und dann können wir ihn mit meinem Pick-up …«

Ich hatte nicht die Muße, um darüber nachzudenken, wie kompliziert plötzlich alles geworden war, und selbst wenn – ich hätte mich nicht anders verhalten. Ich nickte nur, schaute in ihre runden Augen und nickte.

»Es wird sich wohlfühlen«, sagte sie und fügte hinzu: »Wirklich«, als hätte ich ihr widersprochen. »Ich muss jetzt wieder arbeiten, aber du wartest, okay? Du rührst dich nicht von der Stelle.« Chris sah uns zu. Der Manager sah zu. Die Stammgäste und die Hälfte der anderen Gäste reckten die Hälse. Daria strich ihre Schürze glatt, fuhr sich übers Haar. »Wie war doch gleich dein Name?«

Ich hatte also eine Katze. Und eine Freundin. Wir hievten den Käfig auf die Ladefläche ihres roten Toyota Pick-up, warfen eine Plane darüber, damit das Tier nicht nass wurde, und fuhren zu Von's, wo ich Daria dabei zusah, wie sie die Gänge entlangging, Katzenstreu und das größte Katzenklo aussuchte (wir entschieden uns für eine Abwaschschüssel aus hartem blauem Plastik, die so gut wie unzerstörbar schien), und dann marschierten wir in die Fleischabteilung. »Ich habe nur zehn Dollar«, sagte ich.

Sie bedachte mich mit einem vernichtenden Blick. »Das Tier muss fressen«, teilte sie mir mit und langte an ihren Hinterkopf, um das Band um ihren Pferdeschwanz abzuziehen, sodass ihr das Haar glänzend über die Schultern fiel, ein Sturm aus Haaren, fließend und locker, die Spitzen glitten über ihren Rücken wie Flüssigkeit in Bewegung. Sie schüttelte ungeduldig den Kopf. »Aber du hast doch eine Kreditkarte, oder?«

Zehn Minuten später dirigierte ich sie zu meinem Wohnblock, wo sie neben dem Mustang parkte, den ich geerbt hatte, als mein Vater starb, dann gingen wir die Außentreppe hinauf und den Laubengang entlang zu meiner Wohnung im ersten Stock. »Sorry«, sagte ich, öffnete die Tür und drückte auf den Lichtschalter, »aber ich bin leider keine gute

Hausfrau.« Ich wollte hinzufügen, dass ich auch nicht mit Besuch gerechnet und deswegen nicht aufgeräumt hatte, aber Daria trat einfach ein, räumte Platz auf der Küchentheke frei und stellte die Einkaufstüten ab. Ich betrachtete ihre Schultern, als sie in die Tiefen einer Tüte nach der anderen griff und Hühnerteile und Ribeyesteaks (heruntergesetzt für den schnellen Verkauf) im Wert von vierzig Dollar herausholte.

»Okay«, sagte sie und drehte sich zu mir um, nachdem sie alles im Kühlschrank verstaut hatte, »wohin mit der Katze? Ich glaube nicht, dass wir sie noch lange draußen auf dem Wagen lassen sollten, oder? Katzen mögen keinen Regen, das weiß ich – ich habe zwei. Eins ist noch ein Kätzchen.« Sie stand auf der anderen Seite der Küchentheke, ein Durcheinander verkrusteter Teller und Gläser, in denen unterschiedliche Kolonien Schimmel wuchsen, trennte uns. »Du hast doch ein Schlafzimmer, oder?«

Hatte ich. Aber wenn mir schon der Zustand der Küche und des Wohnzimmers peinlich war – es war mein erster Versuch, allein zu leben, und das Bedürfnis nach Ordnung war mir nicht wirklich wichtig gewesen –, so erschien mir der Zustand des Schlafzimmers, mit dem Chaos schmutziger Kleidung und Bettwäsche, den stinkenden Arbeitsschuhen und der Reisetasche, aus der ich bislang lebte, höchst bedenklich. Hier stand diese wunderschöne Erscheinung in der Küche, die einzige Person außer meiner Tante, die jemals über die Schwelle meiner Wohnung getreten war, und jetzt sollte sie die traurige einsame

Unordnung im Herzen meines Lebens entdecken. »Ja«, sagte ich, »die Tür dort, links neben dem Bad«, aber sie war bereits im Schlafzimmer, schob Sachen beiseite, ein konzentriertes Stirnrunzeln zwischen den Augen.

»Du wirst hier ausräumen müssen«, sagte sie. »Das Bett, alles. Deine Sachen.«

Ich stand in der Tür und sah ihr zu. »Wie meinst du das, ›ausräumen‹?«

Sie hob den Kopf. »Du glaubst doch nicht etwa, dass das Tier im Käfig bleiben kann, oder? Es kann sich da drin kaum umdrehen. Und es ist einfach grausam.« Sie sah mich wieder mit diesem Blick an, dann stemmte sie die Hände in die Hüften. »Ich helfe dir«, sagte sie. »Es wird keine zehn Minuten dauern ...«

Dann mühten wir uns zu zweit mit dem sperrigen Käfig die Treppe hinauf. Die Plane lag noch fest verknotet darüber, sowohl um den Regen abzuhalten als auch um ihn vor Nachbarn zu verstecken, die zufällig vorbeikommen mochten, und obwohl wir ihn auf der Treppe schräg halten mussten, gab das Tier keinen Laut von sich. Den Käfig durch die Tür zu bringen war ein kleines Problem – die Katze schien sich in lautlosem Protest schwer zu machen –, aber wir schafften es, dann manövrierten wir ihn ins Schlafzimmer und setzten ihn mitten auf dem Teppich ab. Daria hatte in der Ecke auf mehreren Lagen Zeitungen bereits das Katzenklo aufgestellt, und sie hatte meinen größten Kochtopf mit Wasser gefüllt und neben der Tür positioniert, wo ich ihn leicht erreichen konnte. »Okay«, sagte sie und sah mich zufrieden an, »Zeit für die Entschleierung«, und sie beugte sich vor, um die Plane zu lösen.

Das Deckenlicht strahlte hell, die Plane glitt vom Käfig und zu Boden, und da war die Katze, mit angezogenen Gliedmaßen gegen den Draht gedrückt, die gelben Augen musterten uns. »Liebes Kätzchen«, gurrte Daria. »Will es aus dem schrecklichen Käfig raus? Hmm? Und Fleisch – will es Fleisch?«

Bislang hatte ich wie benommen alles mitgemacht, aber jetzt wurde es problematisch. Wer wusste, was das Tier tun würde, was für Gewohnheiten, Bedürfnisse es hatte? »Wie sollen wir …«, setzte ich an und ließ den Rest unausgesprochen. Das Deckenlicht brannte auf mich herunter, und der Alkohol flüsterte in meinem Blut. »Du erinnerst dich doch noch, was der Typ über das Füttern gesagt hat, oder?« In meinem Hinterkopf lauerte der Schimmer einer weiteren Komplikation: Wenn es einmal aus dem Käfig wäre, wie sollten wir – wie sollte ich – es jemals wieder hineinbringen?

Zum ersten Mal blickte Daria zweifelnd drein. »Wir müssen schnell sein«, sagte sie.

Und das waren wir. Daria stand an der Schlafzimmertür, bereit, sie zuzuknallen, während ich mich mit klopfendem Herzen vorneigte und den Riegel am Käfig zurückschob. Damals war ich geschmeidig – dreiundzwanzig Jahre alt und mit ausgezeichneten Reflexen trotz der vier oder fünf Jack-mit-Cokes, die ich im Lauf des Abends geschluckt hatte –, und ich sprang zur Tür, kaum war der Riegel zurückgeschoben. Erregung erfüllte mich. Und auch die Katze, weil sie beim ersten Klicken des Riegels zum Leben erwachte, als hätte sie ein Stromschlag getroffen. Ein Kreischen zerriss das Zimmer, die Käfigtür flog auf, und das Tier sprang verwischt durch die Luft und knallte gegen das billige Sperrholz der Schlafzimmertür, als Daria und ich sie gerade geschlossen hatten.

Am Morgen (sie schlief auf der Couch, zusammengerollt wie ein Fötus, und schnarchte leise; ich lag ausgestreckt auf der Matratze aus dem Schlafzimmer, die wir unter dem Fernseher an die Wand geschoben hatten) sah ich mich mit mehreren Problemen konfrontiert. Ich war vor ihr erwacht, aus einem traumlosen Schlaf gerissen von einem Bewusstseinsblitz, und eine ganze Weile lag ich bloß da und sah sie an. Ich hätte sie den ganzen Morgen betrachten können, fasziniert von ihrer Anwesenheit, ihrem Haar, ihrem entspannten Gesicht, wenn die Katze nicht gewesen wäre. Sie war nicht zu hören, und sie stank nicht, noch nicht, aber ihre Existenz teilte sich mir dennoch mit – sie war da, und ich spürte sie. Ich musste sie füttern, und nach der Episode vom vergangenen Abend erforderte das einen Plan und Vorbereitungen, und ich musste auch Daria etwas anbieten, schon allein damit sie noch etwas länger blieb. Eier, ich könnte Rühreier machen, aber ich hatte keinen Toast, keine Milch, keinen Zucker für den Kaffee. Und sie würde sich im Bad waschen wollen – Frauen wuschen sich morgens, dessen war ich ziemlich sicher. Ich dachte an die ordentlich zusammengelegten, farblich aufeinander abgestimmten kleinen Handtücher im Gästebad meiner Tante und stellte sie dem Bild des schlampigen Lumpens gegenüber, der als Haufen irgendwo in meinem Badezimmer auf dem Boden lag. Vielleicht sollte ich Muffins oder Bagels holen gehen, dachte ich – und ein neues Handtuch. Aber verkauften sie Handtücher bei 7-Eleven? Ich hatte keine Ahnung.

Wir waren lange aufgeblieben, hatten gemeinsam den letzten heißen Kakao aus der Folienpackung getrunken und über die Katze gesprochen, die uns hier auf meiner schmierigen Couch in meinem halbdunklen Wohnzimmer zusammengeführt hatte, und dann allgemein über unser Leben und unsere Gedanken und Hoffnungen und Ambitionen. Ich erfuhr von ihrer Mutter, ihren beiden Schwestern, den Seminaren, die sie an der Universität belegt hatte. Sie erzählte von Daggett's, den Stammgästen, den Trinkgeldern – oder ihrem Ausbleiben. Und von ihrem Traum vom eigenen Restaurant. Er war erstaunlich detailliert, bis zu der geplanten Anzahl der Tische, dem Geschirr, dem Besteck und den Bildern an den Wänden, der Dekoration und der Kundschaft – »Ende zwanzig, Anfang dreißig, Leute, die Karriere machen, keine Jugendlichen« – und einem Dutzend oder mehr Gerichten, auf die sie sich spezialisieren würde. Meine Pläne waren bescheidener. Ich erzählte, dass ich das städtische College ohne besondere Ziele oder Interessen hinter mich gebracht hatte, dass ich für einen Freund meiner Tante und meines Onkels Fliesen legte; dass ich hoffte, die Küste hinauf nach Oregon zu fahren. Ich hatte eine Menge über Oregon gehört, sagte ich. Sehr sauber. Sehr natürlich dort oben. War sie schon mal in Oregon gewesen? Nein, aber sie würde es gern sehen. Ich erinnere mich, dass ich ihr riet, ihr Restaurant dort oben aufzumachen, irgendwo am Wasser, wo die Leute hinausschauen und die Aussicht genießen könnten. »Ja«, sagte sie, »ja, das wäre cool«, und dann gähnte sie und ließ den Kopf auf das Kissen sinken.

Ich wollte gerade aufstehen und ins Bad gehen, um nachzusehen, was ich mit dem Handtuch machen könnte, ich dachte vage daran, Rasierwasser daraufzuspritzen, um mögliche offensive Gerüche zu übertönen, als sie die Augen aufschlug. Sie sagte weder meinen Namen noch wunderte sie sich, wo sie war, noch wollte sie Frühstück oder ins Bad. Sie sagte nur: »Wir müssen die Katze füttern.«

»Möchtest du keinen Kaffee oder irgendwas – Frühstück? Ich kann Frühstück machen.«

Sie warf die Decke ab, und ich sah, dass ihre Beine nackt waren – sie trug das T-Shirt von Daggett's über einem glänzenden schwarzen Slip; ihre Joggingschuhe, Socken und Shorts lagen auf einem Haufen auf dem Teppich. »Gut«, sagte sie, »Kaffee klingt gut.« Dann fuhr sie sich mit beiden Händen seitlich durchs Haar und ließ es nach vorne fallen, sodass es ihr Gesicht bedeckte. So saß sie einen Augenblick da, bevor sie sich vorneigte, um eine Haarspange aus ihrer Tasche zu holen, sich zurücklehnte und das Haar in einem Pferdeschwanz zusammenfasste. »Aber ich mache mir Sorgen um die Katze, die neue Umgebung und alles. Das arme Tier – wir hätten es gestern Abend füttern sollen.«

Vielleicht. Und ich wollte ihr bestimmt nicht

widersprechen – ich wollte freundlich und charmant sein, ich wollte mich auf jede nur erdenkliche Art und Weise einschmeicheln –, aber in dem Moment, als wir das Tier aus dem Käfig gelassen hatten, waren wir beide so entsetzt über seine Gewalt, dass sich keiner von uns der Herausforderung gewachsen sah, die der Versuch darstellte, es zu füttern. Der Versuch, es zu füttern, bedeutete, dass wir die Tür wieder öffnen mussten, und das erforderte Planung und Einsatz. »Ja«, sagte ich. »Das hätten wir tun sollen. Und das werden wir, das werden wir, aber Kaffee, zuerst Kaffee – möchtest du eine Tasse? Ich kann dir eine Tasse machen.«

Wir tranken also Kaffee und aßen die Erdbeer-Pop-Tarts, die ich im Schränkchen über der Spüle gefunden hatte, und machten Small Talk, als würden wir schon hundert Morgen in Folge zusammen erwachen, und es war so ruhig und häuslich und richtig, dass ich wünschte, es würde nie enden. Wir sprachen über Jobs und wann sie am Nachmittag anfangen müsste, als sie die Stirn runzelte, mich scharf anblickte und sagte: »Ich wünschte, ich könnte zusehen. Wenn wir sie füttern. Kannst du nicht ein kleines Guckloch in die Tür machen?«

Ich war dankbar für die Ablenkung, ungeachtet der Kaution. Und die Vorstellung gefiel mir: Wir könnten sehen, was das Ding – mein Haustier – trieb, und wenn wir es beobachten konnten, dann wäre es nicht mehr so unnahbar und geheimnisvoll. Ich musste es schließlich kennenlernen, ihm irgendwann einen Namen geben, es zähmen, es vielleicht sogar an der Leine ausführen. Ich sah kurz vor mir, wie ich den Gehsteig entlangschlenderte, dieses Es mit Krallen neben mir, die Leute drehten sich nach mir um, die Gewichtheber mit ihren Dobermännern und Rottweilern ausgestochen, und ich holte meine Bohrmaschine unter der Küchenspüle hervor und bohrte ein sauberes Loch, ungefähr zwei Zentimeter im Durchmesser, in die Schlafzimmertür. Kaum war ich fertig, spähte Daria hindurch.

»Und?«

»Das arme Ding. Es tigert hin und her wie ein Tier im Zoo.«

Sie trat zur Seite und ergriff meinen Arm, als ich mein Auge gegen das Loch drückte. Die Katze floss wie geschmolzenes Eisenerz von einer Ecke des Zimmers in die andere, ihre gelben Augen fixierten die Tür, das falbe, leicht gefleckte Fell über den zitternden Muskeln gespannt wie Spandex. Ich sah, dass das Katzenklo umgestürzt und die blaue Schüssel aus Hartplastik zu Stückchen zerkaut war, und ich fragte mich, wo das Ding sein Geschäft erledigen würde, wenn nicht auf dem Katzenklo. »Er hat das Katzenklo umgeworfen«, sagte ich.

Sie hielt noch immer meinen Arm fest. »Ich weiß.«

»Er hat es zerkaut.«

»Metall. Wir brauchen eins aus Metall, einen Trog oder so.«

Ich wandte mich vom Guckloch ab und ihr zu. »Aber wie soll ich es sauber machen – muss man es nicht sauber machen?«

Ihre Augen funkelten. »Ach, er wird sich beruhigen. Er ist nur ein großes Kätzchen, mehr nicht« – und dann, an die Katze gewandt, mit einem sirupartigen Gurren: »Nicht wahr, Kätzchen?« Als Nächstes ging sie zum Kühlschrank und holte ein Steak heraus, gut eineinhalb Pfund Fleisch. »Zieh den Handschuh an«, sagte sie, »und ich stehe an der Tür bereit, während du ihn fütterst.«

»Was ist mit dem Blut – wird das Blut nicht auf den Teppich tropfen?« Der Handschuh roch nach Sattelseife und war auf der ganzen Länge zerkratzt und zerbissen; er passte mir, als wäre er maßgefertigt.

»Ich drücke das Blut mit Küchenpapier raus – hier, schau«, sagte sie, tupfte das Fleisch in der Spüle ab und steckte es auf eine Gabel. Ich nahm die Gabel, und gemeinsam gingen wir zur Schlafzimmertür.

Ich weiß nicht, ob die Katze das Blut roch oder ob sie uns an der Tür hörte, aber kaum hatte ich den Knauf gedreht, war sie da. Ich zählte bis drei, riss die Tür gerade so weit auf, dass ich den Arm und das von der Gabel baumelnde Fleisch hineinstecken konnte, während die Katze gegen den Türrahmen krachte und das Fleisch verschwand. Wir schlugen die Tür zu – Darias Gesicht war gerötet, und sie schien zu kichern oder nach Luft zu schnappen –, und dann wechselten wir uns ab und beobachteten, wie das Tier das Steak kreuz und quer über den Teppich zerrte, als müsste es erst noch getötet werden. Als es aufgefressen hatte, war überall Blut, sogar an der Decke.

Nachdem Daria zur Arbeit gegangen war, wusste ich nicht, was ich mit mir anfangen sollte. Die Katze verhielt sich verdächtig still, und als ich durch das

Guckloch schaute, sah ich, dass sie den Käfig in eine Ecke gezerrt und sich dahinter offenbar schlafen gelegt hatte. Ich schaltete den Fernseher ein und sah mir den üblichen Schwachsinn an, der kurzzeitig belebt wurde von einer Tiersendung über die Serengeti. Sie gewährte mir einen flüchtigen Blick auf eine Katze wie meine – *Der Serval lebt in felsiger Landschaft, wo er seine Feinde, Löwen und Hyänen, misstrauisch beobachtet und sich vorwiegend von kleinen Beutetieren wie Hasen, Vögeln, sogar Schlangen und Eidechsen ernährt*, informierte mich der Sprecher mit leiser Stimme –, und dann ging ich in den Sandwichladen, bestellte eine Nummer 7 spezial ohne Mayo und machte mich damit auf zum Strand. Es war ein klarer Tag, die Sintflut vom Vortag hatte die Luft von Dunst und Schwebstoffen gesäubert, und ich saß da, ließ mir die Sonne ins Gesicht scheinen und sah zu, wie Welle auf Welle anbrandete, während ich aß und über meine veränderten Lebensumstände nachdachte. Darias Gesicht hatte einen ernsten Ausdruck angenommen, als sie in der Tür stand, ihr T-Shirt zerknittert, das Haar so fest nach hinten gebunden, dass ich jede einzelne Strähne erkennen konnte. »Pass gut auf unsere Katze auf, okay?«, sagte sie. »Sobald ich Schluss habe, komme ich wieder.« Ich zuckte auf hilflose, unterwürfige Art die Achseln, der Abschiedsschmerz so akut, wie ich ihn noch nie im Leben empfunden hatte. »Klar«, sagte ich, und dann langte sie nach meinen Schultern und zog mich zu sich herunter, um mich zu küssen – auf den Mund. »Du bist süß«, sagte sie.

Ich war also süß. Nie zuvor hatte mich jemand

süß genannt, zumindest seit meiner Kindheit nicht mehr, und ich muss zugeben, die Bezeichnung gefiel mir, erblühte in mir wie ein Versprechen für die Zukunft. Ich begann, Daria als grundlegende bewegende Kraft in meinem Leben zu betrachten, Daria mit nackten Beinen ausgestreckt auf meiner Couch, mit über die Schultern fallendem Haar am Küchentisch, ihre Lippen auf meine gepresst. Aber während ich dasaß und meinen Schinken-Käse-Wrap aß, meldete sich ein widersprüchlicher Gedanke: Es musste bereits jemanden in ihrem Leben geben, ein so hübsches Mädchen, das in einer Bar arbeitete, und ich machte mir etwas vor, wenn ich glaubte, ich hätte eine Chance bei ihr. Sie musste einen Freund haben – womöglich war sie sogar verlobt. Ich versuchte mich an den Vorabend zu erinnern, an ihre Hände und Finger – hatte sie einen Ring getragen? Und wenn ja, wo war dann ihr Verlobter, ihr Freund, wer immer er war? Ich hasste ihn bereits, ohne überhaupt zu wissen, ob er existierte.

Die Folge war, dass ich mich um halb vier nachmittags im kühlen unterirdischen Dämmerlicht von Daggett's wiederfand und einen Jack-mit-Coke trank wie ein Stammgast, während Daria, der Ringfinger ihrer linken Hand so ungeschmückt wie meiner, herumging und nach der Mittagszeit aufräumte und die Tische für das Abendessen deckte. Um fünf kam Chris, und er begrüßte mich namentlich und stellte mir einen neuen Drink hin, bevor er die Stammgäste auch nur eines Blickes würdigte, und wenn nichts los war, unterhielten wir uns während der nächsten Stunde über alles Mögliche, angefangen beim Naheliegenden – die Katze –, aber auch über Sport, Musik, Bücher und Filme, und ich stellte fest, dass ich in einen ganz neuen Bereich Eingang gefunden hatte. Irgendwann blieb Daria stehen und fragte, ob sich die Katze eingewöhne – tigerte sie noch immer neurotisch herum? –, und ich konnte ihr mit einiger Bestimmtheit versichern, dass sie schlief. »Wahrscheinlich ist sie nachtaktiv«, sagte ich, »oder so etwas Ähnliches.« Und dann, weil Chris dabei war, musste ich unbedingt hinzufügen: »Du kommst doch nachher vorbei, oder? Nach der Arbeit? Um mir beim Füttern zu helfen, meine ich.«

Sie schaute zu Chris, dann ließ sie den Blick durch den Raum schweifen. »Ja«, sagte sie, »ja«, und in ihrer Stimme schwang ein leichtes Zögern mit, »ich komme.«

Dabei beließ ich es für den Augenblick, aber ich war unsicher, und der Alkohol wirkte, und ich konnte keine Ruhe geben. »Wir können zusammen fahren«, sagte ich, »weil ich meinen Wagen nicht dabeihabe.«

Am Ende ihrer Schicht sah sie müde aus, ihr Gang federte nicht mehr, ihr Haar war eine Schattierung glanzloser im düsteren Licht, und als ich zu Kaffee überging, sah ich, dass Chris ihr am Ende des Tresens ein Schnapsglas mit irgendetwas zuschob. Gegen sechs hatte ich ein Sandwich gegessen und dann, um nicht überängstlich zu wirken, war ich spazieren gegangen zu einer anderen Bar am Ende der Straße, wo ich einen Jack-mit-Coke trank und mit niemandem ein Wort redete, und um acht war ich wieder da, um Kaffee zu trinken, sie zu beobachten und an ihr Versprechen zu erinnern.

Auf der Fahrt in meine Wohnung sprachen wir nicht viel. Es dauerte nur fünf Minuten, und im Radio lief ein Song, den wir beide mochten. Außerdem schien mir, dass man Schweigen respektieren konnte, wenn man sich mit jemandem wohlfühlte. Ich war zuvor am Bankomaten gewesen und hatte in hoffnungsvoller Stimmung Frühstücksvorräte angelegt – Eier, englische Muffins, einen halben Liter Milch ohne Fett und einen halben Liter mit zwei Prozent Fett, teure chinesische Teebeutel, einzeln in Folie verpackt –, und ich hatte zwei Flaschen kalifornischen Chardonnay gekauft, der wirklich ganz ausgezeichnet sein sollte, das behauptete zumindest der Verkäufer in der Spirituosenabteilung, sowie eine Tüte mit Maischips und ein Glas Salsa. Auf dem Gestell neben dem Medizinschränkchen hingen zwei neue Handtücher, ich hatte die Wohnung gesaugt und das Geschirr in der Spüle in kochend heißem Wasser mit den letzten Molekülen des Spülmittels eingeweicht, das ich von meiner Tante mitgebracht hatte. Der letzte Touch waren saubere Laken und eine leichte Decke, die ich gefaltet und andeutungsvoll über die Armlehne der Couch drapiert hatte.

Daria schien nichts davon zu bemerken – sie ging geradewegs zur Schlafzimmertür und drückte das Auge ans Guckloch. »Ich sehe nichts«, sagte sie, lehnte sich in ihren Shorts an die Tür, die Muskeln in ihren Waden spannten sich an, als sie sich auf die Zehenspitzen stellte. »Zu dumm, dass wir nicht an ein Nachtlicht oder so gedacht haben –«

Ich beobachtete sie aus den Augenwinkeln – bewunderte sie, staunte erneut über ihre Anwesenheit –, während ich den Korkenzieher in die Flasche schraubte. Ich fragte sie, ob sie ein Glas Wein wollte. »Chardonnay«, sagte ich. »Aus Kalifornien, wirklich ganz ausgezeichnet.«

»Gern«, sagte sie, wandte sich von der Tür ab und kam durch das Zimmer zu mir. Ich hatte keine Weingläser, und wir mussten uns mit den milchweißen Wassergläsern begnügen, die meine Tante aus einer Schachtel im Keller ausgegraben hatte. »Vielleicht könntest du den Arm durch die Tür stecken und das Licht da drin einschalten«, sagte sie. »Ich mache mir Sorgen um ihn. Und außerdem müssen wir ihn füttern.«

»Klar«, sagte ich, »ja, kein Problem«, aber ich hatte es nicht eilig. Ich schenkte Wein nach, holte die Chipstüte und das Salsaglas, über die sie sich zu freuen schien. Eine Zeit lang standen wir an der Küchentheke, aßen Chips und tranken Wein, dann ging sie zum Kühlschrank, holte eine Scheibe Fleisch heraus und tupfte sie mit Küchentüchern ab. Ich verstand ihren Hinweis, zog den Handschuh an, wappnete mich und stieß die Schlafzimmertür gerade so weit auf, dass ich die Hand hineinschieben und das Licht einschalten konnte. Die Katze, die nachts selbstverständlich hervorragend sah, riss mir fast den Handschuh vom Arm, aber das plötzliche Licht verwirrte sie lange genug, dass ich die Situation retten konnte. Die Tür knallte zu, der Serval jaulte verblüfft auf.

Daria schaute sofort durch das Guckloch. »O mein Gott«, murmelte sie.

»Was tut er?«

»Tigert hin und her. Aber schau selbst.«

Der Teppichboden – auch noch der letzte Streifen – war vom Boden gerissen, mit Nägeln gespickte, schmutzige Sperrholzplatten lagen bloß, und in der verputzten Wand links neben dem Fenster war ein Loch. Ein großes Loch. Auch durch die geschlossene Tür roch ich den Gestank von Katzenpisse oder was immer sie verspritzte. »So viel zu meiner Kaution«, sagte ich.

Sie stand direkt neben mir, die Hand auf meiner Schulter. »Er wird sich beruhigen«, versicherte sie, »sobald er sich an das Zimmer gewöhnt hat. Alle Katzen sind so – sie müssen ihr Revier behaupten.«

»Du glaubst nicht, dass er zwischen die Wände kriechen kann, oder?«

»Nein«, sagte sie, »nie und nimmer, er ist zu groß.«

Das Einzige, was mir nach einem ganzen Tag des Trinkens noch einfiel, war Wein nachzuschenken, was ich tat. Dann wiederholten wir das Ritual des Fütterns – das Steak auf der Gabel, der verwischte Sprung der Katze, der heftige Aufprall gegen die Tür – und schauten abwechselnd durchs Guckloch. Nach einer Weile, von dem Spektakel gelangweilt – oder »gesättigt«, das ist das bessere Wort –, setzten wir uns auf die Couch und sahen einen Film, tranken den Wein aus, aßen die Chips und hörten überhaupt nicht mehr auf zu reden, eine Bemerkung zum Film führte zu einer Diskussion über Filme im Allgemeinen, eine Überlegung zum Wein grub unsere Erlebnisse bei Weinproben und die Schrecken des Rotweins von Cribari und der Obstweine von Boone's Farm aus. Bevor wir es merkten, war es Mitternacht, und sie gähnte und streckte sich.

»Ich muss jetzt wirklich nach Hause«, sagte sie, rührte sich aber nicht. »Ich bin fertig. Wirklich fertig.«

»Du kannst gern hierbleiben«, sagte ich, »ich meine, wenn du nach all dem Wein nicht mehr fahren willst ...«

Ein Augenblick verstrich, keiner sagte ein Wort, dann gab sie einen summenden Laut von sich – »Mmmm« – und streckte mir die Arme entgegen, während sie sich auf die Couch sinken ließ.

Am Morgen erwachte ich vor ihr, war darauf bedacht, sie nicht zu wecken, als ich von der Matratze aufstand, auf der wir geschlafen hatten, weil die Couch für zwei zu schmal war. Mein Kopf schmerzte – so viel Alkohol war ich nicht gewohnt –, und das Bild der Katze lauerte irgendwo hinter diesem Schmerz, aber ich fühlte mich beschwingt und optimistisch. Daria schlief auf der Matratze, die Katze kauerte in ihrem Zimmer, und die Welt war in Ordnung. Ich kochte Kaffee, toastete Muffins und briet Eier, und als sie erwachte, war ich da. »Wie wäre es mit Frühstück im Bett?«, murmelte ich, als ich mich mit einem Teller beidseitig gebratener Spiegeleier und einer Tasse Kaffee neben sie setzte.

Ich war so darauf konzentriert, ihr beim Essen zuzuschauen, dass ich meinen eigenen Teller kaum anrührte. Nach einer Weile stand ich auf, um das Radio einzuschalten, und da war wieder der Song, den sie auf dem Nachhauseweg am Abend zuvor gespielt hatten, und wir hörten beide zu, ohne ein Wort zu sagen. Als der Discjockey mit seiner keuchenden, jugendlichen Stimme und seinen lahmen Witzen über den Sender kam, stand sie auf und ging, ohne an die Katze zu denken, an der Schlafzimmertür vorbei ins Bad. Dort blieb sie eine lange Weile, Wasser lief, die Toilettenspülung rauschte, sie duschte, und ich fühlte mich verloren ohne sie. Ich wollte ihr sagen, dass ich sie liebe, wollte ihr eine ganze Liste mit Einladungen überreichen: Sie sollte bei mir einziehen, für immer bei mir bleiben, ihre Katzen mitbringen, kein Problem, und wir könnten uns gemeinsam um die große Katze kümmern, ihre Bedürfnisse erfüllen, sie zähmen und in ihrem neuen Heim glücklich machen – kein Käfig mehr und viel Fleisch, jede Menge Fleisch. Ich wusch die Bratpfanne, als sie wieder herauskam, ein neues Handtuch ums Haar gewickelt. Sie war geschminkt und trug das Daggett's-Outfit. »Hallo«, sagte ich.

Sie erwiderte nichts. Sie beugte sich über die Couch und stopfte Sachen in ihre Tasche.

»Du siehst toll aus«, sagte ich.

Ein Geräusch drang aus dem Schlafzimmer, ein leiser Klagelaut wie der letzte keuchende Atemzug eines von der Katze erlegten Tiers, und ich fragte mich, ob sie dort drin etwas gefunden hatte, eine Ratte, einen verirrten Vogel, einen entkommenen Hamster oder eine Eidechse. »Hör mal, Junior«, sagte sie und ignorierte das Klagen, das jetzt höher und schwächer wurde, »du bist nett, wirklich, das bist du.«

Ich stand hinter der Resopaltheke. Meine Hände steckten im Spülwasser. Etwas pochte in meinem

Kopf, und ich wusste, was kommen würde, hörte es ihrer Stimme an, sah es in der Art, wie sie den Kopf einzog und den Blick abwandte.

»Ich kann nicht – ich muss dir etwas sagen, okay? Weil du süß bist, das bist du, und ich ehrlich zu dir sein will.«

Plötzlich wandte sie mir das Gesicht zu, durchbohrte mich mit dem Blick und sah wieder weg. »Ich habe einen Freund. Er studiert nicht hier. Und ich weiß nicht, warum … Ich meine, ich will dir keine falschen Hoffnungen machen. Es war nett. Wirklich.«

Das Klagen wurde lauter und brach plötzlich ab. Ich wusste nicht, was ich sagen sollte – die Situation war neu für mich, neu und trostlos. Plötzlich war ich verzweifelt, auf der Suche nach irgendetwas, irgendeiner List, dem Zauberspruch, der alles wieder in Ordnung bringen würde. »Die Katze«, sagte ich. »Was ist mit der Katze?«

Ihre Stimme war leise. »Das wird schon werden. Gib ihm einfach zu fressen. Sei nett zu ihm.« Sie stand an der Tür, die Tasche über die Schulter geschlungen. »Geduld«, sagte sie, »mehr ist nicht nötig. Ein bisschen Geduld.«

»Warte«, sagte ich, »warte.«

»Ich muss gehen.«

»Sehen wir uns später?«

»Nein«, sagte sie. »Nein. Ich glaube nicht.«

Kaum war ihr Pick-up vom Parkplatz gefahren, rief ich meinen Chef an. Er meldete sich nach dem ersten Klingeln, hob die Stimme, um die Geräusche im

Hintergrund zu übertönen. Ich hörte die Fliesensäge, das unregelmäßige Schlagen eines Hammers, das Radio, aus dem ein überspannter rechter Propagandist tönte. »Ich will arbeiten«, sagte ich.

»Wer spricht da?«

»Junior.«

»Montag, frühestens am Montag.«

Ich erklärte ihm, dass ich eingesperrt in meiner Wohnung verrückt würde, aber er schien mich nicht zu hören. »Woran liegt es?«, sagte er. »Geld? Ich gebe dir einen Vorschuss für nächste Woche, wenn du ihn wirklich brauchst, obwohl ich deswegen extra zur Bank muss, was ich nicht vorhatte. Was lästig ist. Aber ich mach's. Du brauchst nur ein Wort zu sagen.«

»Nein, ich brauche kein Geld, es ist nur –«

Er schnitt mir das Wort ab. »Hörst du denn nie zu? Habe ich dir nicht gesagt, du sollst losziehen und dir ein Mädchen suchen? Das tut man nämlich in deinem Alter. Ich habe es jedenfalls gemacht.«

»Kann ich nicht einfach, na ja, aushelfen?«

»Montag«, sagte er.

Ich war plötzlich wütend und knallte den Hörer auf. Mein Blick wanderte zu dem in die Schlafzimmertür gebohrten Loch und dann zu den Frühstückstellern, Eidotter, der in leuchtend gelben Streifen trocknete, das Muffin, Darias Muffin, unberührt bis auf ein kleines Stück, das sauber aus der Kugel gebissen war. Es war Freitag. Ich hasste mein Leben. Wie hatte ich nur so dumm sein können.

Im Schlafzimmer war es totenstill, und als ich meine Sneakers zuschnürte, bekämpfte ich den

Drang, zum Guckloch zu gehen und nachzusehen, was die Katze in der Nacht angerichtet hatte – ich wollte einfach nicht darüber nachdenken. Ob sie wie der schlechte Geruch eines Albtraums verschwunden war oder sich durch die Wand gefressen und die japsenden kleinen Hunde des Nachbarn verschlungen hatte oder ausgebrochen war und sich auf ein Schiff nach Afrika geschmuggelt hatte, es war mir einerlei. Ich wusste nur, dass ich nicht versuchen würde, sie allein, ohne Daria, zu füttern. Von mir aus konnte sie verhungern, verhungern und verrotten.

Schließlich fischte ich eine Jeansjacke aus dem Kleiderhaufen auf dem Boden und ging zum Strand. Es war bewölkt, und ein kalter Ostwind fegte über den Sand. Ich ging stundenlang spazieren und dann, in Ermangelung von etwas Besserem, ins Kino. Danach aß ich ein Sandwich in einem neuen Laden, in dem angeblich Studenten herumhingen. Soweit ich es beurteilen konnte, waren keine Studenten da, nur alte Männer, die auch nicht anders aussahen als die Stammgäste von Daggett's, und sie hatten ihre breitschultrigen alten Frauen und ihre plärrenden unglücklichen Kinder dabei. Um vier war ich in der ersten Bar, und um sechs war ich betrunken.

Ich versuchte, Daggett's zu meiden – *Gib ihr einen oder zwei Tage,* sagte ich mir, *nörgle nicht, sei ihr nicht lästig* –, aber um Viertel vor neun stand ich dort am Tresen und bestellte bei Chris einen Jack-mit-Coke. Chris sah mich kurz an, alles hatte sich seit gestern verändert. »Bist du sicher?«, sagte er.

Ich fragte ihn, was er meine.

»Du siehst aus, als hättest du genug, Junge.«

Ich reckte den Hals und schaute mich nach Daria um, sah aber nur die Stammgäste, die vor ihren Getränken saßen. »Schenk einfach ein«, sagte ich.

Die Musik war ein hartnäckiges Ärgernis, tote Musik, uralt, von niemandem geschätzt, nicht einmal von den Stammgästen. Sie dröhnte einfach nur weiter. Chris stellte den Drink vor mich hin, und ich hob ihn an die Lippen. »Wo ist Daria?«, fragte ich.

»Sie hat früh aufgehört. Hat gesagt, dass sie müde ist. Ruhiger Abend, verstehst du?«

Ich war enttäuscht, eifersüchtig, hasserfüllt. »Hast du ihre Telefonnummer?«

Chris sah mich misstrauisch an, weil er etwas wusste, was ich nicht wusste. »Willst du damit sagen, dass sie dir ihre Nummer nicht gegeben hat?«

»Ja«, sagte ich, »wir haben nie – also, sie war bei mir zu Hause ...«

»Wir dürfen keine persönlichen Informationen weitergeben.«

»An mich? Ich sagte, sie war bei mir zu Hause. Letzte Nacht. Ich muss mit ihr reden, und es ist dringend – wegen der Katze. Sie hat wirklich ein Faible für die Katze.«

»Tut mir leid.«

Das kriegte er zurück. »Es tut dir leid? Scheiß drauf – mir tut es auch leid.«

»Weißt du was, Junge –«

»Junior, ich heiße Junior.«

Er neigte sich über den Tresen, stützte beide Arme auf und sagte sehr leise: »Ich glaube, es ist Zeit, dass du gehst.«

Es hatte angefangen zu regnen, ein leises Plätschern im Laub, das bestimmter und härter wurde, während ich nach Hause ging. Autos fuhren auf der Straße vorbei mit einem Geräusch wie zerreißendes Papier, ganze Welten im Schlepptau. Die Straßenbeleuchtung war dämmrig. Niemand war zu sehen. Als ich die Anhöhe zu meiner Wohnung hinaufging, sah ich den Mustang im Carport stehen, und obwohl ich gegen die Kombination Trinken und Autofahren bin – eine Lektion, die ich vom unglücklichen Beispiel meines Vaters gelernt hatte –, setzte ich mich hinter das Lenkrad und fuhr mit einer kristallinen Klarheit zur Baustelle, die mir in jeder anderen geistigen Verfassung Angst gemacht hätte. Dort befand sich eine Aluminiumleiter, und darauf konzentrierte ich mich – auf das Bild, wie sie dort an der Mauer lehnte –, bis ich ankam, sie durch den Dreck zog und auf dem Dach des Wagens festband, ohne an die Anstreicher oder sonst irgendetwas zu denken.

Wieder zurück, fummelte ich im Regen herum, um die übereifrigen Knoten zu lösen, bis ich die Leiter herunterheben und sie zur Rückseite des Gebäudes zerren konnte. Ich war betrunken, ja, aber auch vorsichtig – wenn mich jemand gesehen hätte, in der Dunkelheit, wie ich eine Leiter an ein Wohnhaus stellte, wenn es auch mein eigenes Wohnhaus war, hätte die Lage schnell schwierig werden können. Ich konnte wohl schlecht behaupten, dass ich anstreichen wollte. Nicht nachts. Nicht im Regen. Glücklicherweise sah mich niemand. Ich stieg die Leiter hinauf, und als ich auf Höhe meines Schlafzimmers war, schlug mir der Gestank entgegen, ein ekelhafter

Fäkalienwind drang aus dem dunklen Fensterschlitz. Die Katze. Die Katze war da drin und beobachtete mich. Davon war ich überzeugt. Ich muss eine Viertelstunde oder länger im Regen auf der Leiter gestanden haben, bevor ich den Mumm aufbrachte und das Fenster hastig ganz aufschob, dann zog ich den Kopf ein und drückte mich reflexartig an die Mauer. Nichts geschah. Kurz darauf stieg ich die Leiter hinunter.

Ich wollte nicht in die Wohnung, wollte nicht darüber nachdenken, wusste nicht, ob eine Katze dieser Größe die Sprossen einer Leiter hinuntersteigen oder sechs Meter tief springen oder ihre verborgenen Flügel ausbreiten und davonfliegen konnte. Eine Zeit lang stand ich da und betrachtete das tiefschwarze Loch des Fensters, dann kehrte ich zu meinem Wagen zurück und hörte im Dunkeln Radio, bis ich einschlief.

Am Morgen – es gab keine heraldischen Sonnenstrahlen, keineswegs, es regnete noch immer – ging ich in die Wohnung und schlich so leise, als wäre ich ein Einbrecher, zur Schlafzimmertür. Ich schaute durchs Guckloch und sah einen Berg Teppichboden um den leeren Käfig aufgehäuft – ein Bau, ein provisorischer Bau –, und da erst begann ich etwas für die Katze zu empfinden, konnte ihre Verwirrung nachempfinden, ihre Angst vor der fremden Umgebung, ihr Misstrauen: Das war keine felsige Landschaft, das war mein Schlafzimmer im ersten Stock eines heruntergekommenen Wohngebäudes in einer Stadt am Meer, einen ganzen Kontinent und einen abgrundtiefen Ozean von ihrer Heimat entfernt.

Nichts rührte sich. Bestimmt war sie verschwunden, ein weiter Sprung, der Aufprall der Beine, Gras unter den Pfoten, feste Erde. Sie war weg. Bestimmt. Ich stählte mich innerlich, öffnete die Tür und trat ein. Und dann – ich weiß nicht, warum – schloss ich die Tür hinter mir.

Quellenverzeichnis

›Zu allem bereit‹
Aus: T. C. Boyle, ›Greasy Lake und andere Geschichten‹
Deutsch von Giovanni Bandini und Ditte König
Amerikanischer Originaltitel: ›Greasy Lake & Other Stories‹ (Viking Penguin, New York)

›Moderne Liebe‹ und
›Wenn der Fluss voll Whisky wär‹
Aus: T. C. Boyle, ›Wenn der Fluss voll Whisky wär. Erzählungen‹
Deutsch von Werner Richter
Amerikanischer Originaltitel: ›If the River was Whisky‹ (Viking Penguin, New York)

Carl Hanser Verlag, München
›Torschlusspuder‹
Aus: T. C. Boyle, ›Schluss mit cool.
Erzählungen‹
Deutsch von Werner Richter
Amerikanischer Originaltitel:
›After the Plague‹ (Viking Penguin,
New York)

›Als ich heute Morgen aufwachte,
war alles weg, was ich mal hatte‹,
›Windsbraut‹, ›Chicxulub‹ und
›Zähne und Klauen‹
Aus: T. C. Boyle, ›Zähne und Klauen.
Erzählungen‹
Deutsch von Anette Grube und
Dirk van Gunsteren
Amerikanischer Originaltitel:
›Tooth and Clow‹ (Viking Penguin,
New York)

T. C. Boyle im dtv

»Aus dem Leben gegriffen und trotzdem unglaublich.«
Barbara Sichtermann

World's End
Roman
Übers. v. Werner Richter
ISBN 978-3-423-**11666**-4 und
ISBN 978-3-423-**21030**-0

Wenn der Fluß voll Whisky wär
Erzählungen
Übers. v. Werner Richter
ISBN 978-3-423-**11903**-0

Willkommen in Wellville
Roman
Übers. v. Anette Grube
ISBN 978-3-423-**11998**-6

Der Samurai von Savannah
Roman
Übers. v. Werner Richter
ISBN 978-3-423-**12009**-8

Tod durch Ertrinken
Erzählungen
Übers. v. Anette Grube
ISBN 978-3-423-**12329**-7

América
Roman
Übers. v. Werner Richter
ISBN 978-3-423-**12519**-2 und
ISBN 978-3-423-**20935**-9

Riven Rock
Roman
Übers. v. Werner Richter
ISBN 978-3-423-**12784**-4

Fleischeslust
Erzählungen
Übers. v. Werner Richter
ISBN 978-3-423-**12910**-7

Ein Freund der Erde
Roman
Übers. v. Werner Richter
ISBN 978-3-423-**13053**-0

Schluß mit cool
Erzählungen
Übers. v. Werner Richter
ISBN 978-3-423-**13158**-2

Drop City
Roman
Übers. v. Werner Richter
ISBN 978-3-423-**13364**-7 und
ISBN 978-3-423-**21113**-0

Die Frauen
Roman
Übers. v. Dirk van Gunsteren u. Kathrin Razum
ISBN 978-3-423-**13927**-4 und
ISBN 978-3-423-**21384**-4

T. C. Boyle im dtv

»T. Coraghessan Boyle ist ein großartiger Schriftsteller.«
Die Presse

Das wilde Kind
Erzählung
Übers. v. Dirk van Gunsteren
ISBN 978-3-423-**14065**-2

Talk Talk
Roman
Übers. v. Dirk van Gunsteren
ISBN 978-3-423-**14205**-2
ISBN 978-3-423-**21060**-7

Wenn das Schlachten vorbei ist
Roman
Übers. v. Dirk van Gunsteren
ISBN 978-3-423-**14269**-4

San Miguel
Roman
Übers. v. Dirk van Gunsteren
ISBN 978-3-423-**14357**-8

Greasy Lake und andere Geschichten
Übers. v. Ditte und Giovanni Bandini
ISBN 978-3-423-**14385**-1

Wassermusik
Roman
Übers. v. Dirk van Gunsteren
ISBN 978-3-423-**14412**-4

Dr. Sex
Roman
Übers. v. Dirk van Gunsteren
ISBN 978-3-423-**20981**-6

Zähne und Klauen
Erzählungen
ISBN 978-3-423-**21194**-9

Als ich heute Morgen aufwachte, war alles weg, was ich mal hatte
Die besten Stories von T. C. Boyle
Hg. v. Karoline Adler
Übers. v. G. Bandini, A. Grube und W. Richter
ISBNw 978-3-423-**21615**-9